BIANKA NA<

VEGAN FOR KIDS

GESUNDE KINDERERNÄHRUNG VON ANFANG AN

Impressum

Vegan for Kids
Gesunde Kinderernährung von Anfang an
2. überarbeitete Auflage
© 2016 Bianka Nagorny

Coverfoto: Fotolia.de

Buchsatz: RM Buchlayout & Grafikdesign, www.buchlayout.net

Fotonachweis: Mit freundlicher Genehmigung von Fotolia.de
und Pixabay.com

Herstellung und Verlag
BoD - Books on Demand, Norderstedt
ISBN 978-3-7386-6626-1

INHALT

Vorwort   6

Einführung   7

Die Ernährung des veganen Kindes   10

Vitamine & Mineralstoffe im Überblick   12

Das vegane Kind in der Gesellschaft   17

Rezepte nach dem Abstillen   24

Vegane Kinder – innerhalb und außerhalb der Familie   29

Allgemeine Tipps für die vegane Ernährung   33

Vegane Alternativen zu tierischen Produkten   35

Pro und Contra vegane Kinderernährung   37

Kompaktwissen vegane Kinderernährung   43

Potenziell kritische Nährstoffe bei veganer Ernährung   45

Frühstücksideen   53

Hauptgerichte   73

Salate   109

Süße Sachen   121

Desserts   165

Rezeptliste   178

Literaturliste   182

Web-Adressen   183

Haftungsausschluss   184

Danksagung   185

Über die Autorin   186

„Es ist von symbolischer und pädagogischer Bedeutung, was wir essen. Sich bewusst zu machen, was wir mit unserem Essverhalten mit uns selbst und der Welt, die uns umgibt, anrichten, ist auch ein Schlüssel dafür, Kinder zu verantwortungsvollen Erwachsenen zu erziehen. Und nicht zuletzt wird die vegane Ernährung ein Beitrag sein, dass unsere Kinder und Kindeskinder überhaupt einen lebenswerten Lebensraum vorfinden werden."

Dr. Michael Klapper (aus: Viva Vegan für Mutter und Kind)

Vorwort

Die Größe und den moralischen Fortschritt einer Nation könne man daran messen, wie sie die Tiere behandeln, sagte Mahatma Gandhi schon vor einigen Jahrzehnten. Doch Tiere werden heute mehr denn je ausgebeutet, besonders solche, die selbst von Menschen gegessen oder deren Milch und Eier für den menschlichen Konsum verbraucht werden. Allerdings spüren viele Menschen heute, dass hier in den letzten fünfzig Jahren etwas völlig aus dem Ruder gelaufen sein muss. Die immer häufiger auftretenden bzw. aufgedeckten Lebensmittelskandale sind ein beredter Ausdruck dieser fatalen Entwicklung.

Gleichzeitig wächst weltweit das Bedürfnis, sich ganz ohne tierische Produkte zu ernähren. Der Veganismus wird dadurch aus seinem Nischendasein herausgerückt, auch befördert durch Hollywoodstars und vegane Kochshows. Was mich daran besonders freut, ist, dass dieser ‚junge' Veganismus in weiten Teilen gänzlich undogmatisch daherkommt, weil er die Freude an gutem Essen und gesunder Ernährung in den Vordergrund stellt, ohne dabei die ethische, soziale und ökologische Bedeutung einer veganen Ernährungsweise auszuklammern. Vielleicht ist der jetzt aufkeimende Veganismus auch ein Ausdruck einer neuen Bewusstseinskultur, die Genuss und Verantwortung, Lebensfreude und die Bewahrung unserer Lebensgrundlagen in Einklang bringen wird. Damit auch die jüngsten Mitglieder unserer Weltgemeinschaft so früh wie möglich in den Genuss eines veganen Lebensstils kommen können, wünsche ich diesem Buch eine möglichst weite Verbreitung unter vielen kochenden Müttern und Vätern.

Hardy Fürch, Yoga- und Meditationslehrer und Autor von
„Wie Green Yoga die Welt verändert"

EINFÜHRUNG

Wenn ich darüber nachdenke, welche Gründe mich letztendlich zum Schreiben dieses Buches bewogen haben, dann könnte ich mich auf einen allein nicht beschränken. Der wichtigste Grund aber war die Geburt unseres Kindes. Von dem Tag an intensivierte ich meine Beschäftigung mit der vegetarisch / veganen Vollwerternährung und erfuhr mit Erstaunen, dass meine Kreativität auf diesem Gebiet schier unerschöpflich schien. Ich begann, mich ausführlich mit den veganen Grundsätzen der Vollwerternährung zu befassen und nachdem selbst der kritischste Zeitgenosse die Köstlichkeit meiner tierfreien Genüsse gestehen musste, gelang es mir endlich, den Mythos der eintönigen Vegetarierkost zu widerlegen. Die vegane Ernährung ist zweifelsohne eine gesunde, abwechslungsreiche und kulinarische Lebensweise, die die positive Begleiterscheinung mit sich bringt, dass wir das Leiden der sogenannten Nutztiere – zumindest in unserer Verantwortung – auf geradezu null minimieren können.

Ich verstehe die vegane Ernährung nicht einzig als einen Boykott gegen die industrialisierte Landwirtschaft, sondern als ein Resultat einer außer Kontrolle geratenen Konsumgesellschaft. Die verheerenden Ausmaße auf dem Sektor der industrialisierten Landwirtschaft haben die Grenzen des Erträglichen längst überschritten. Ein Agrarsystem, das auf Verantwortungs- und Rücksichtslosigkeit aufgebaut ist, wird auch für uns Menschen und unseren Lebensraum langfristig nichts Gutes bedeuten, weil die Ressourcen dieser Erde endlich sind. Aus dieser Motivation heraus ist die vegane Philosophie vor Jahrzehnten entstanden und sie hat sich rasant weiterentwickelt. Mittlerweile wird der rein pflanzlichen Nachfrage zunehmend Rechnung getragen und ihre Akzeptanz ist in der Mitte der Gesellschaft angekommen. Die Fragen über potenzielle Nährstoffmängel sind aus dem Weg geräumt und vegane Kochbücher erklimmen die obersten Plätze der Bestsellerlisten. Nichts scheint diese so bereichernde Entwicklung noch aufhalten zu können und nie zuvor war es so einfach, die Vielfalt der veganen Küche zu probieren.

Immer mehr Menschen entscheiden sich für einen individuellen Ausstieg und wenden sich der vegetarischen / veganen Ernährung zu. Doch vegan zu leben bedeutet nicht einfach, Fleisch-, Milch- und Honigprodukte wegzulassen, sondern sie durch hochwertige pflanzliche Lebensmittel zu ersetzen und zu kombinieren. Vegane Ernährung bedeutet nicht Verzicht, sondern Bereicherung und Vielfalt. Ganz besonders hervorheben möchte ich den gesundheitlichen Aspekt der veganen Ernährung, der aus Unwissenheit sehr oft unterschätzt wird. Die Form der veganen Ernährung, so wie ich sie verstehe und praktiziere, basiert auf den Grundsätzen der Vollwerternährung. Vollkornprodukte, frisches Obst und Gemüse (möglichst aus biologischem Anbau), kalt gepresste Pflanzenöle, Sojaprodukte, Nüsse, Samen, Trockenobst und Nussmuse.

Kinder, die mit natürlicher Nahrung aufwachsen, profitieren von einer unübersehbaren gesundheitlichen Stabilität. Sie essen, was sie brauchen, weil ihr Immunsystem nicht durch degenerierte Kost irritiert und gestört wird. So bietet eine vollwertige und naturbelassene Kost langfristig einen Schutz vor ernährungsbedingten Zivilisationskrankheiten und gewährleistet die gesundheitliche Unbeschwertheit, die wir uns für unsere Kinder wünschen. Wichtig in diesem Zusammenhang ist der undogmatische Umgang mit der veganen Ernährung, denn das Weglassen tierischer Produkte geschieht nicht, weil wir es nicht dürfen, sondern weil wir es nicht brauchen. Ich habe Kinder kennengelernt, die instinktiv kein Fleisch mochten und dennoch von ihren Eltern zum Fleischverzehr angehalten wurden.

Der Werbeslogan ‚Fleisch ist ein Stück Lebenskraft' scheint tief verwurzelt in den Köpfen vieler Eltern zu sein. Es gibt viele Kinder, die keine Milch mögen, doch auch diese instinktive Ablehnung wird von vielen Eltern ignoriert, denn ‚Milch ist ja so gesund'. Es ist schwer, den jahrzehntelangen Werbefeldzügen seitens der Fleisch- und Milchindustrie zu trotzen, aber es ist nicht unmöglich. Das Beschreiten neuer Wege ist am Anfang beschwerlich, aber am Ende steht die Chance auf einen Wandel – ethisch, moralisch und im Einklang mit uns selbst.

Die größte jemals durchgeführt wissenschaftliche Studie zum Thema ‚Ernährung und Gesundheit' ist die sogenannte China Study, die gemeinsam von staatlichen Organisationen der USA und China durchgeführt wurde. Die Ergebnisse der Studie sind quasi revolutionär: Die meisten unserer Zivilisationskrankheiten und Krebserkrankungen sind auf den Konsum von tierischem Eiweiß zurückzuführen. Diese wissenschaftlich fundierten Ergebnisse werden über kurz oder lang zu einer gravierenden Veränderung des Ernährungsverhaltens führen. Denn auf Dauer wird auch die (tonangebende) Agrarindustrie die Erkenntnisse der China Study allein schon wegen der explodierenden Kosten im Gesundheitswesen nicht zurückhalten können.

Die Ernährung des veganen Kindes

Wenn wir die wichtigsten Grundsätze der veganen Vollwerternährung kennen und danach handeln, ist die vegane Ernährung eines Kindes möglich und sinnvoll. Eine möglichst lange Stillzeit von mindestens 6 Monaten und die qualitativ hochwertige Ernährung der Mutter während dieser Zeit stellen eine wichtige Voraussetzung für ein gut funktionierendes Immunsystem dar. Wenn mit der Einführung fester Nahrung begonnen wird, sollte sowohl das Obst und Gemüse wie auch das Getreide aus kontrolliert ökologischen Anbau stammen.

Kinder, die mit natürlicher Nahrung aufwachsen, werden ihr Leben lang ein völlig selbstverständliches Verhältnis zu dieser Ernährungsform haben. Degenerierte Nahrung wie die meisten Süßigkeiten, Weißmehlprodukte und nährstoffarme Fertiggerichte (Fast Food) wirkt sich schwächend auf das Immunsystem der Kinder aus, da sie einen fortschreitenden Nährstoffmangel zur Folge hat. Gerade bei Kindern muss unbedingt auf eine ausreichende Zufuhr von Vitaminen, Mineralstoffen und Spurenelementen geachtet werden. Falls der Bedarf an Eisen, Kalzium, Zink und Vitamin B12 phasenweise nicht durch die (angereicherte) Nahrung gedeckt werden kann, kann übergangsweise der Einsatz von einzelnen Nahrungsergänzungsmitteln sinnvoll sein, um Mangelerscheinungen vorzubeugen.

Natürliche Nahrungsergänzungsmittel wie Weizenkeime, Acerolasaft, Spirulina oder Hefeprodukte können ganz einfach unter das Essen gemischt werden. Ansonsten ist ein tägliches Angebot von frischem Obst und Gemüse aus ökologischem Anbau, Nüssen, Samen, Vollkornprodukten, pürierten Hülsenfrüchten, kalziumangereicherten Sojaprodukten, Vitamin B12-angereicherten Vitaminsäften oder auch eisenangereicherten (gentechnikfreien) Cornflakes zu empfehlen. Ein großer Anteil der Nahrung sollte bei Kindern ab dem zweiten Lebensjahr aus Rohkost bestehen, aber die individuellen Geschmacksvorlieben der Kinder sollten stets berücksichtigt werden. Es gibt Kinder, die nahezu alles essen, was man ihnen anbietet und andere Kinder wiederum sind extrem wählerisch bei der Auswahl ihrer Nahrungsmittel. In diesem Zusammenhang ist es wichtig, dass die gemeinsamen Mahlzeiten immer in einer entspannten und harmonischen Atmosphäre stattfinden – ohne Druck und ohne Stress. Wenn wir unseren Kindern eine Auswahl an qualitativ hochwertigen und geschmackvollen Nahrungsmitteln anbieten, werden sie sich für das entscheiden, was sie brauchen, um sich gesund entwickeln zu können.

VITAMINE & MINERALSTOFFE IM ÜBERBLICK

Um eine abwechslungsreiche, vegane Kinderernährung zu gewährleisten, ist ein solides Grundwissen über die Zusammenhänge der Ernährung unerlässlich. Für Mütter, die sich zuvor noch nicht mit den Grundsätzen der veganen Ernährung befasst haben, möchte ich in diesem Kapitel zusammenfassend auf den Bedarf an Vitaminen und Mineralstoffen eingehen. Je höher die Nährstoffdichte eines Nahrungsmittels, desto besser, denn gerade in den ersten Entwicklungsjahren eines Kindes können sich Nährstoffdefizite negativ und zu Lasten der gesundheitlichen Entwicklung auswirken.

Die Versorgung des Kindes mit allen erforderlichen Nährstoffen muss grundsätzlich gewährleistet sein und aus diesem Grund ist es wichtig, Nahrungsmittel mit ihren positiven Eigenschaften identifizieren zu können. Beispielsweise sollte das Müsli vor dem Verzehr einige Zeit eingeweicht werden, damit ein Teil des Phytins (siehe Info) abgebaut werden kann.

Ein Glas Orangensaft nach dem Essen fördert die Aufnahme von Eisen beträchtlich, was auf die Kombination von Vitamin C und Eisen zurückzuführen ist. Auch der Verzehr von Sauerteigbrot trägt zu einer positiven Zinkversorgung bei, da auch hierbei durch langes Stehen des Teiges Phytin abgebaut wird. Der tägliche Aufenthalt an der frischen Luft sichert eine ausreichende Zufuhr von Vitamin D, da das Sonnenlicht die Haut zur Produktion von Vitamin D anregt. Da die Nahrungsquellen für Vitamin B12 in der veganen Ernährung nicht vorhanden sind, ist der Verzehr von Vitamin B12-angereicherten Lebensmitteln oder einem Nahrungsergänzungsmittel wichtig.

Info: Phytin ist – bis auf Hafer – vor allem in Vollkornprodukten enthalten. Es ist der Phosphor-Speicher pflanzlicher Samen. Im Verdauungstrakt des Menschen löst sich das Phytin und bindet Mineralien an sich. Durch diese Bindung können Mineralstoffe wie Kalzium, Magnesium, Eisen, Zink, Mangan oder Kupfer von unserem Körper weniger gut aufgenommen werden. Bei Haferprodukten gibt es dieses Problem allerdings nicht.

Das Phytin baut sich jedoch ab, wenn das Vollkorngetreide eingeweicht wird oder man es keimen lässt. Wenn es danach ganz langsam aufgekocht wird, verringert sich der Phytingehalt nochmals. Ebenso reduziert sich die Phytinsäure während der Hefe- oder Sauerteigführung. Aus diesen Gründen tragen Hülsenfrüchte und Vollkornprodukte trotz ihres Gehaltes an Phytin wesentlich zur Mineralstoffversorgung bei.

VITAMINE

Vitamin	Worin enthalten
Vitamin A	Möhren, grünes Gemüse, Aprikosen, Sanddorn
Vitamin D	Sonnenlicht, angereicherte Nahrungsmittel oder Nahrungsergänzung
Vitamin B1	Vollkornprodukte (Reis, Nudeln), Nüsse, Samen, Hülsenfrüchte, Weizenkeime, Blumenkohl, Erbsen, Bananen, Steinobst
Vitamin B2	Vollkorngetreide, Hefe, Nüsse, Pilze, Grünkohl, Erbsen, Brokkoli, gelbe Paprika, Avocado, Brokkoli, Grünkohl, Spargel, Rosenkohl
Vitamin B6	Vollkorngetreide, Weizenkeime, Nüsse, Bohnen, Linsen, Bananen, Hefeflocken/Hefeextrakt, Paprika, Feldsalat
Folsäure	Grünes Blattgemüse, Mangold, Porree, Spinat, Petersilie, Grünkohl, Rosenkohl, Fenchel, Vollkorngetreide, Hülsenfrüchte, Hefe, Weizenkeime, Walnüsse, Mandeln, Apfelsinen, Bananen
Vitamin B12	Angereicherte Lebensmittel oder eine Ergänzung mit speziellen B 12-Präparaten (!). Fermentierte Lebensmittel, Algen, Hefeextrakt oder Miso (vergorene Sojabohnen-Paste) enthalten unzureichende Mengen an B12, so dass auf ausreichend angereicherte Lebensmittel bzw. Ergänzungen zurückgegriffen werden muss.
Vitamin C	Obst (Zitrusfrüchte, Kiwi, Mango, Papaya), Gemüse (Paprika, Brokkoli, Grünkohl)

Vitamin E	Nüsse, Samen, Weizenkeimöl, Vollkornprodukte, Weizenkeime, Fenchel, Wirsing
Vitamin K	Grünes Blattgemüse, Blumenkohl, Vollkorngetreide
Niacin	Nüsse (Erdnüsse), Weizenkleie, Hefe, Pilze
Pantothensäure	Vollkorngetreide, Hülsenfrüchte, Blumenkohl
Biotin	Sojabohnen, Nüsse, Haferflocken, Hefe

SPURENELEMENTE

Spurenelement	Worin enthalten
Eisen	Grünes Blattgemüse (Feldsalat, Petersilie), Erbsen, Brokkoli, Pak Choi, schwarze Melasse, Vollkorngetreide, Hülsenfrüchte (Kichererbsen, Bohnen, Linsen), Hirse, Amaranth, Quinoa, Nüsse (Pistazien, Sesam, Sonnenblumenkerne), Melasse, Aprikosen / Feigen getrocknet, Rosinen, jeweils mit Vitamin C kombinieren – Vitamin C verbessert die Eisenaufnahme
Zink	Vollkornprodukte (Haferflocken, Weizenkeime), Hülsenfrüchte, Nüsse (Kürbiskerne, Cashewnüsse, Sonnenblumenkerne, Sesamsamen, Paranüsse), Linsensprossen, grüne Erbsen
Chrom	Weizenkeime, Vollkornprodukte, weiße Bohnen
Mangan	Vollkornprodukte, schwarzer Tee, Weizenkeime
Kupfer	Vollkornprodukte, Erbsen, weiße Bohnen
Selen	Sonnenblumkerne, Paranüsse, Vollkorngetreide, Obst
Silizium	Hafer, Hirse
Jod	Essbare Meeresalgen, Kräuter- oder Meersalz mit zugesetztem Kelp
Fluor	Schwarzer Tee, Speisesalz mit zugesetztem Fluor
Molybdän	Rotkohl, weiße Bohnen

MINERALSTOFFE

Mineralstoff	Worin enthalten
Kalzium	Tofu, Mandeln, Sesam, Mohn, Feigen, kalziumreiches Mineralwasser, grüne Gemüsesorten (Broccoli, Grünkohl, Pak Choi, Fenchel, Chinakohl, Löwenzahn, Kresse, Brennnesseln) angereicherter Sojadrink, Tahin (Sesammus)
Magnesium	Weizenkeime, Hirse, Haferflocken, Sojabohnen, Hülsenfrüchte, Mandeln, Kakao, Aprikosen, Bananen

EIWEISS

Sojaprodukte, Vollkornprodukte, Linsen, Bohnen, Quinoa, Sonnenblumenkerne, Kürbiskerne, Sesamsamen, Hummus, Weizenkeime.

FETTE

Vegan lebende Menschen können ihre Versorgung mit Omega-3-Fettsäuren durch den regelmäßigen Verzehr α-Linolensäure-reicher pflanzlicher Öle, insbesondere Leinöl und Rapsöl, sowie durch Leinsamen und Walnüsse sicherstellen.

KOHLENHYDRATE

Vollkornbrot, Vollkornnudeln, Vollkorngetreide, Kartoffeln, Gemüse, Obst.

In seinem Buch *Ernährung neu entdecken* weist Walter Veith darauf hin, dass Kinder einen kleineren Magen und einen höheren Bedarf an Nährstoffen pro Gewichtseinheit haben. Für eine gesunde Entwicklung ist die Aufnahme von energiereicher und abwechslungsreicher Nahrung daher unerlässlich:

„Eine vermehrte Aufnahme von Cerealien, verschiedenartige Nussmuse, Avocado, Aufstriche aus getrockneten Früchten und Hülsenfrüchten sind empfehlenswert, während Obst, Gemüse und Brei (Haferschleim usw.) eingeschränkt werden sollten. Nussmus in Form von Mandel-, Paranuss-, Cashewnuss-, Erdnuss-, Pekannuss- und Walnuss- oder Sesam-Kichererbsenmus kann Kleinkindern gegeben werden, während Avocados auch Säuglingen gefüttert werden können. (...) Bei Kombinationen von Getreide und Hülsenfrüchten oder Nüssen und Körnern muss man auch darauf achten, dass die Aminosäureanforderungen veganer Kinder erfüllt werden. Entwöhnte Kinder sollten mit den Vitaminen D und B12 angereicherte Soja- oder Nussmilch erhalten. Dies ist besonders in Gegenden mit geringer Sonneneinstrahlung wichtig. Beachtet man diese Gesichtspunkte, zeigt es sich, dass vegane Kinder ein normales Wachstum und eine ungestörte Entwicklung aufweisen." (Walter Veith: Ernährung neu Entdecken, Seite 84)

DAS VEGANE KIND IN DER GESELLSCHAFT

Warum vegan?

Ich möchte in diesem Kapitel über meine Vorstellungen und Erfahrungen außerhalb der veganen Gesellschaft berichten, um anderen Müttern und Vätern Mut zu machen. In meinen Gesprächen mit veganen Eltern wurde deutlich, dass wir uns alle mit den gleichen Vorurteilen konfrontiert sehen. Es beginnt bei dem ersten Gespräch mit dem Kinderarzt, setzt sich im Bekanntenkreis fort und endet schließlich in der eigenen Familie. Wenn wir verkünden, dass wir auch unser Kind vegan ernähren möchten, ernten wir nicht selten kritische Blicke und Unverständnis und es wird uns bewusst, dass der Veganismus längst noch nicht für jedermann eine völlig selbstverständliche Angelegenheit ist. Viele Menschen können sich zwar unter dem Begriff ‚vegan' vorstellen, worum es geht – was genau diese Ernährungsform jedoch beinhaltet, verstehen die Meisten noch nicht. Sie ziehen viel eher eine Parallele zu der ethischen Komponente – den Tierrechten – können sich aber weniger vorstellen, dass der Veganismus durchaus gesundheitliche Vorzüge vorzuweisen hat, was sich durch den hohen Obst- und Gemüseanteil, hochwertigen Ölen und Vollkornzubereitungen ganz von allein ergibt.

Die fleisch- und milchbetonte Durchschnittsernährung mag das sein, was wir kennen und worüber man uns stets erzählte, sie sei die einzig vernünftige Ernährungsform. Aber nichts ist, wie Victor Hugo schon sagte, mächtiger, als eine Idee, deren Zeit gekommen ist, und die Zeit der veganen Lebensform hat den Einzug und seinen Platz im gesellschaftlichen Verständnis längst gefunden. Heute sind die Regale in den Buchhandlungen voll von veganer Literatur. Vegane Kochbücher erleben einen bis dato nicht gekannten Boom und das Bestreben, sich ethisch- und klimakorrekt zu ernähren, weitet sich in schwindelerregender Geschwindigkeit aus. Auch die Politik hat erkannt, dass die unreflektierte Ausweitung der industriellen Tierhaltung nicht zukunftsweisend ist, aber sie handelt noch viel zu phlegmatisch und an den

Interessen der Agrarindustrie orientiert. Dafür wächst die Initiative der Menschen, sich für eine neue und ökologisch ausgerichtete Landwirtschaft zu engagieren. Diese Kraft schlägt hohe Wellen und leitet den vorsichtigen Paradigmenwechsel wie selbstverständlich ein.

Für mich persönlich war der erste Schritt zur veganen Ernährung eine ethische Entscheidung. Die gesundheitlichen Vorteile entdeckte ich erst sehr viel später. Ich empfand es als ein zufriedenes Gefühl, sowohl den Tieren als auch mir selbst dabei etwas Gutes zu tun. Ich konnte immer weniger verstehen, dass es eine große Mehrheit von Menschen gibt, die ein zu Tode gequältes Tier mit Genuss verspeisen können und dies als ihr unbezweifelbares Recht ansehen. Nichts auf dieser Welt kann die grausame Überproduktion fühlender Wesen mit einem noch schmerzvolleren Tod im Schlachthaus rechtfertigen und dennoch setzt sich diese kollektiv in Auftrag gegebene, subventionierte Tierquälerei bis ins Unerträgliche fort.

Auch BSE und MKS vermochten die Menschen nicht wachzurütteln. Die Ursache der meisten Zivilisationskrankheiten wurde ungern mit dem übermäßigen Fleischverzehr in Verbindung gebracht. Die Verdrängung machte es möglich und bescherte der Agrarindustrie beträchtliche Profite – auf Kosten der Tiere. Aber es war nicht allein die deprimierende Situation der Tiere – es war auch das Wegsehen, das Weghören und das Schweigen der Menschen, das mich zunehmend erschreckte und ich fragte mich beunruhigt, welche Konsequenzen diese Ignoranz für uns Menschen selbst bedeuten könnte?

Ich wollte nicht zulassen, dass die Grausamkeiten, die täglich an Millionen von Tieren begangen wurden, von der Gesellschaft um mich herum nicht mehr zur Kenntnis genommen wurden, aber es schien so, dass meine Bedenken niemand hören wollte. Ich vermisste Sensibilität, Mitgefühl, Verantwortung und Zivilcourage und erkannte, dass sich dieser Wertemangel längst nicht mehr auf die Situation der Tiere allein beschränkt hatte. Ist der gewaltsame Umgang des Menschen mit den Tieren nicht vielmehr ein Spiegel unserer Gesellschaft? Ein Anblick, der uns erschaudern lässt, zum Wegsehen zwingt und dennoch als unveränderbar hingenommen wird? Das ist der Punkt, an dem mir klar wurde, dass die vegane Lebensweise noch viel mehr ist als der Versuch, das profitorientierte Leiden der Tiere zu minimieren. Es ist auch eine Chance, gesellschaftliche Werte neu zu etablieren, denn wer Grausamkeiten sät, wird niemals Glück ernten können.

Vegan – aber wie?

Eine der am häufigsten gestellten Frage zur veganen Kinderernährung ist, ob die notwendige Versorgung mit allen essenziellen Nährstoffen ohne Milchprodukte gewährleistet werden kann. Nachdem uns nicht nur vonseiten der Milchindustrie, sondern auch von unseren eigenen Familien die Notwendigkeit des Milchkonsums antrainiert wurde, sind Zweifel dieser Art durchaus berechtigt. Inwiefern diese Zweifel der Wahrheit entsprechen, ist eine andere Sache. Doch Kinder benötigen keine Kuhmilchprodukte, um gesund aufwachsen zu können. Das wird vor allen Dingen bei jenen Kindern sehr deutlich, die Milchprodukte überhaupt nicht vertragen und allergisch darauf reagieren. Das Forschungsinstitut für Kinderernährung Dortmund schreibt in einer Empfehlung für die Ernährung bei Kuhmilcheiweißallergie, dass die Kuhmilchallergie die häufigste Allergie im Säuglingsalter ist. Symptome einer solchen Allergie können Übelkeit, Erbrechen, Durchfall, Ekzeme, Juckreiz oder Nesselsucht sein. Wenn ein Kind keine Milchprodukte mag, dann ist das ein deutlicher Hinweis, nach pflanzlichen Alternativen zu suchen. Kleine Kinder sind wie Seismografen und es gilt, ihre Vorlieben und Abneigungen wahrzunehmen und zu akzeptieren. Kinder haben ein instinktives Gespür dafür, was ihnen gut bekommt und was ihnen möglicherweise schaden könnte. Aus diesem Grund ist es auch wichtig, Kindern eine breit gefächerte Palette an Nahrungsmitteln anzubieten, aus denen sie selbst ihre Favoriten auswählen können. Der Konsum degenerierter Nahrungsmittel wie Zucker, Weißmehl und alle daraus hergestellten Süßigkeiten sollten – wenn überhaupt – eine seltene Ausnahme sein.

Für Kinder, die vegan aufwachsen, ist die vegane Ernährung das natürlichste der Welt. Im Alter von drei Jahren, wenn die ersten Abnabelungsversuche stattfinden und die Begegnung mit der nicht veganen Umwelt zunehmend eine Rolle spielt, bleibt eine Konfrontation mit tierischen Nahrungsmitteln nicht mehr aus. Wenn sich die sozialen Kontakte zu anderen (nicht veganen) Kindern intensivieren, dann geraten vegan lebende Eltern nicht selten in moralische Konflikte. Sie sehen ihr Kind mit gelatinehaltigen Gummibärchen, Vollmilchschokolade und (im schlimmsten Fall) Würstchen konfrontiert und geraten – je jünger das Kind ist – in Erklärungsnot.

Ein dreijähriges Kind ist noch nicht in der Lage, die ethischen Beweggründe seiner Eltern nachzuvollziehen und ich halte die Konfrontation mit der Wahrheit, die mit dem Fleisch- und Milchverzehr verbunden ist, in diesem Alter für unangebracht. An diesem Punkt erfahren vegan lebende Eltern erstmals, dass ihre Lebensweise durch den Einfluss der nicht veganen Gesellschaft eingeschränkt wird. Doch das ist kein Grund, um zu verzweifeln, sondern eine Herausforderung, der wir uns mit dem besten Gewissen stellen können. Situationen, in denen vegane Kinder mit ungesunder, denaturierter oder nicht veganer Nahrung konfrontiert werden, können wir nicht ausschalten, aber wir können unsere Kinder für die Unterschiede sensibilisieren.

Durch ihre wachsenden sozialen Kontakte werden vegane Kinder zwangsläufig mit dem Genuss nicht veganer Nahrung konfrontiert, aber diese Erfahrung zeigt auch, dass gesund und natürlich ernährte Kinder ein ausgesprochen feines Gefühl dafür besitzen, was ihr Körper für ein gesundes Wachstum benötigt. Kinder, die überwiegend mit degenerierter Nahrung aufwachsen, haben dieses ureigenste Gefühl oft verloren. Es ist geradezu besorgniserregend und alarmierend, wenn ein Kind natürliche Lebensmittel wie Nüsse, Obst oder Gemüse ablehnt, weil sein natürlicher Geschmackssinn durch viel zu süße, fettige und salzige ‚tote‘ Nahrung zerstört wurde. Die daraus resultierenden gesundheitlichen Folgen sind vorprogrammiert und langfristig fatal. Wir erleben heute eine Vielzahl allergischer und übergewichtiger

Kinder. Kinder, die an Hyperaktivität, Neurodermitis, Diabetes und chronischen Krankheiten leiden. Wir erleben gleichzeitig, dass in den meisten Fällen eine konsequente Ernährungsumstellung die gesundheitlichen Beeinträchtigungen dieser Kinder kurzerhand beseitigen kann. So gewinnt die Prävention auf dem Gebiet der Ernährung an großer Bedeutung.

Eine ausgewogene, ökologische und nährstoffbezogene vegane Ernährung ermöglicht Kindern eine gesunde Entwicklung und führt sie an den sensiblen und achtsamen Umgang mit unseren Mitgeschöpfen heran. Kinder, die im verantwortungsvollen Umgang mit Tieren aufwachsen, werden auch als Erwachsene zu einer respektvollen Einstellung gegenüber Mensch und Tier gelangen, weil Tierschutz in letzter Konsequenz immer auch Menschenschutz bedeutet. Es ist an der Zeit, diesen unmissverständlichen Zusammenhang zu erkennen und umzusetzen. Wie Albert Schweiter betonte: „Tierschutz ist Erziehung zur Menschlichkeit."

Das vegane Baby

Während meiner Schwangerschaft malte ich mir mein veganes Leben mit unserem Kind rosarot aus. Nachdem ich selbst schon einige Jahre vegan gelebt hatte und sich mein Umfeld zufriedenstellend auf meine Ernährung eingestellt hatte, blickte ich auch in Bezug auf unser Kind voller Vertrauen in die Zukunft. Ich las Erfahrungsberichte veganer Mütter und befasste mich mit Ernährungsliteratur jeglicher Art. Mein Wissen über Ernährung war zu diesem Zeitpunkt bereits sehr umfassend, aber die vegane Ernährung unseres Kindes stellte mich vor eine neue Herausforderung.

Nach einer schönen (zweistündigen) und komplikationslosen Geburt folgte eine innige, achtmonatige Stillzeit, während der unser Sohn prächtig gedieh. In der 5. Woche brachte er es bei einer Größe von 56 cm schon auf stolze 5.240 Gramm – ein Zustand, den wir als sehr positiv bewerten konnten. Im Alter von sechs Monaten hielt ich es für einen guten Augenblick, mit der Einführung fester Kost zu beginnen und so folgte dem monatelangen Genuss von Muttermilch die erste Bekanntschaft mit einem Sojadrinkbrei, der auf die Bedürfnisse eines Babys von sechs Monaten abgestimmt war. Der Vorteil einer speziell für die Säuglingsernährung hergestellten Sojadrinknahrung ist die optimale Zusammensetzung aller Nährstoffe, die ein Kind im Alter von sechs Monaten benötigt.

Mit dem ersten Sojadrinkbrei ersetzte ich die abendliche Stillmahlzeit – Löffelchen für Löffelchen, denn an den Übergang von der Brust zum Löffelchen muss sich ein Baby langsam gewöhnen. Ab dem 7. Monat ersetzte ich dann eine weitere Brustmahlzeit durch einen Gemüse-Kartoffelbrei mit 1 Teelöffel Rapsöl und einigen Teelöffeln Obstmus (Birne, Banane oder geriebener Apfel) als Nachspeise. Das Obstmus spielt für die Eisenaufnahme eine wichtige Rolle (Vitamin C) und sollte daher unbedingt mit dem Gemüse-Kartoffelbrei kombiniert werden.

Im 8. und 9. Monat nahm ich einen Getreide-Obstbrei in den Ernährungsplan unseres Babys auf. Um den Proteingehalt der Mahlzeiten nicht zu sehr zu erhöhen, bereitete ich den Getreidebrei ohne Sojadrink zu. Vollkornhaferflocken und Hirse stellten nicht nur eine gesunde, sondern auch eine sehr schmackhafte Zutat des Getreidebreis dar.

Ab dem 10. Lebensmonat begann unser Sohn Schritt für Schritt und voller Genuss damit, sich unseren Essgewohnheiten mehr und mehr anzupassen. So knabberte er schon etwas Haferbrot oder Reiswaffeln und zwischendurch auch Rohkost, wie ein Stückchen Apfel, Möhre oder Birne. Für die Sicherung der Nährstoffversorgung bot ich ihm nach wie vor einen Sojaspezialbrei für Säuglinge bzw. ¼ Liter Sojaflaschennahrung für Säuglinge an. Mittags gab es eine Gemüse-Kartoffel oder Gemüse-Getreidebrei mit Fett und Obstmus zur Nachspeise. Als Zwischenmahlzeit nahm er gern etwas Obst- oder Gemüserohkost oder auch eine Reiswaffel zu sich und am Abend gab es – je nach Appetit – Sojaspezialflaschennahrung und eine Scheibe Brot mit milcheiweißfreier Margarine.

Manchmal gab es abends auch einen Getreide-Obstbrei oder gedünstetes Gemüse mit Kartoffeln. Je nachdem, was auf dem Familienspeiseplan stand. Auch gebackene Kartoffeln stellen einen Hochgenuss für Kinder dar. Dasselbe galt (und gilt noch heute) für Vollkornnudeln, den Klassikern in der Kinderernährung. Kombiniert mit gedünstetem Broccoli (Kalzium), etwas pürierten Tofu in Maßen und einem Obstnachtisch stellt diese Mahlzeit ein sehr vollwertiges Gericht dar. So gestalteten sich unsere Mahlzeiten in jeweils drei Haupt- und zwei Zwischenmahlzeiten. Ich bereitete jede Mahlzeit stets aus frischen Zutaten aus dem kontrolliert-biologischen Anbau zu. Und was den großen Durst der Kleinen betrifft, da hat sich ein stilles Mineralwasser, ein Früchte- oder Kräutertee oder auch eine Apfelschorle gut bewährt. Da Kinder einen hohen Flüssigkeitsbedarf haben, sollte dementsprechend auf eine ausreichende Flüssigkeitszufuhr geachtet werden. Während die Trinkmenge in den ersten fünf Monaten ca. 150 ml pro kg Körpergewicht beträgt, pendelt sich der Flüssigkeitsbedarf ab dem 6. Monat auf ca. 130 ml pro Körpergewicht ein. Allerdings gilt auch diese Angabe nur als Richtlinie, nicht als Maßstab. Im Folgenden führe ich die erwähnten Rezepte für das erste Lebensjahr auf. Diese Rezepte können je nach Geschmack auch abgewandelt werden.

Rezepte nach dem Abstillen

AB DEM 6. / 7. MONAT

GEMÜSE-KARTOFFELBREI

150 g Gemüse (Möhren, Fenchel, Blumenkohl)
50 g Kartoffeln (in der Schale gekocht)
1 EL Rapsöl

Die Kartoffel kochen und das Gemüse lediglich 10-15 Minuten dünsten, damit alle Nährstoffe erhalten bleiben. Das Gemüse mit der Kartoffel zermusen und etwas Rapsöl dazugeben.

Zum Nachtisch Obstmus oder Obstsaft.

GEMÜSE-VOLLKORNBREI

150 g Gemüse nach Wahl
30 g Vollkornhirse oder Vollkornhafer
1 EL Rapsöl

Hirse unter heißem Wasser abspülen und ca. 15 Minuten lang garen. Das Gemüse kurz dünsten und alles zusammen mit dem Rapsöl zu einem Brei zerstampfen.

Zum Nachtisch Obstmus oder Obstsaft.

REISBREI MIT OBST

50 g Vollkornreis
250 ml Wasser
1 Stück Obst nach Wahl

Den Reis nach Vorschrift garen (ca. 20-30 Minuten), das Obst klein-raffeln bzw. zermusen und unter den Reis geben. Eventuell kann der Reis noch etwas zerdrückt werden – je nach Kaulust des Kindes.

AB 8./9. MONAT

VOLLKORN-OBSTBREI

15 g Vollkornflocken (Hirse, Hafer)
100 ml Wasser
1 EL Rapsöl

100 g Obstmus (Banane, Apfel, Birne) eventuell einige Tropfen Acerolakirschsaft hinzufügen.

ABENDBREI

1 Portion Sojaspezialbrei für Säuglinge (Fertigprodukt)
1 geriebener Apfel
oder:
1 Portion Sojaspezialflaschennahrung
20 g Getreideflocken nach Wahl

Die Sojaflaschennahrung zubereiten und mit Getreideflocken nach Wahl vermengen und kurze Zeit quellen lassen.

10. BIS 12. MONAT

FRÜHSTÜCK

25 g Mehrkornbrot o. ä.
1 TL milcheiweißfreie Margarine mit überwiegend
ungesättigten Fettsäuren
150 ml Sojaspezialflaschennahrung

MÖHREN-APFELKOST

25 g geriebener Apfel
25 g geriebene Möhre
1 TL Rapsöl
dazu einen Vollkornzwieback

MANDELMUS

20 g Getreideflocken
1 EL Mandelmus
1 Banane

Die Getreideflocken in Wasser oder Sojaspezialnahrung einweichen. Das Mandelmus unterrühren, die Banane zermusen und ebenfalls unter den Brei rühren.

Im Alter von einem Jahr benötigt ein Kind ca. 800 kcal, 40 % Fett,
13 g Protein, 50 mg Vitamin C, 10 Mikrogramm Vitamin D, 500 mg
Kalzium, 8 mg Eisen.

VEGANE KINDER – INNERHALB UND AUSSERHALB DER FAMILIE

Als wir gesund und robust auf das zweite Lebensjahr zusteuerten, rückten vermehrt nicht vegane Nahrungsmittel in das Blickfeld unseres Kindes. Je älter unser Sohn wurde und je selbstständiger er sich hin zu anderen Kindern bewegte, desto häufiger wurde er mit nicht veganen Nahrungsmitteln konfrontiert. Als er drei Jahre alt wurde, musste ich feststellen, dass meinem Gesundheitseinfluss Grenzen gesetzt waren. Während unser Sohn in den beiden Jahren zuvor genüsslich und zufrieden alles aß, was ich ihm anbot, durchquerten nun auch gelatinehaltige Gummibärchen, Schokolade (Zucker, Fett und Vollmilchpulver) und Weißmehl-Zucker-Gebäcke unseren Alltag und erweckten – wenn auch nicht übermäßig – sein Interesse.

Ich freute mich darüber, wenn er den Kontakt zu anderen Menschen, insbesondere Kindern, suchte, doch mir war ebenso klar, dass ich mich mit meinem Ernährungsverständnis auf weiter Flur allein befand. Da stand mein Bestreben, unser Kind so natürlich wie möglich ernähren zu wollen, im krassen Gegensatz zu der Ernährungspraxis der Eltern, mit denen wir uns regelmäßig trafen. Wir waren häufig mit Müttern konfrontiert, die sich nicht mit gesunder Ernährung beschäftigten – mit veganer Ernährung schon gar nicht. Da gab es Weißmehlbrötchen mit Schokoladenaufstrich, Zwischenmahlzeiten, die aus nährwertlosen Süßigkeiten bestanden und die gängigen Fast Food Gerichte für die Kinder und niemand schien diese Ernährung für einen Augenblick infrage zu stellen.

Trotz meines unbeugsamen Willens, unser Kind von degenerierten Lebensmitteln fernhalten zu wollen, stand ich diesen Situationen nicht selten hilflos gegenüber. Wann immer sich die Nachbarskinder draußen trafen, spendierte das eine oder andere Kind eine Runde Süßigkeiten und es hätte allein aus pädagogischer Sicht keinen Sinn gemacht, unserem Sohn dieses Ritual zu verwehren. Ich war nicht unbedingt glücklich mit diesem Kompromiss, aber ich musste die nicht veganen Grenzen, an die wir tagtäglich stießen, als Ausnahmen akzeptieren. Was ich nicht wollte, war eine dogmatische Umsetzung meines Ernährungsverständnisses und so gelangte ich Schritt für Schritt zu der Erkenntnis, dass eine überwiegend natürliche Ernährung den einen oder anderen Fehlgriff durchaus verkraften kann. Und auch, wenn es nicht immer auf den ersten Blick sichtbar war, so übte ich doch einen nicht unerheblichen Einfluss in Sachen Ernährung auf mein Umfeld aus.

Ich bemerkte sehr oft, dass viele Mütter fast irritiert auf mein Ernährungsverhalten reagierten, aber sie dachten auch darüber nach und das freute und bestärkte mich. Als leidenschaftliche Köchin gelang es mir, so manchen Fast-Food-Anhänger geschmacklich zu beeindrucken und mir war durchaus klar, dass ich den Mythos der eintönigen Vegetarierkost pragmatisch entkräften konnte. Ernährung sollte nicht nur gesund sein, sondern auch gut schmecken, und das gilt erst recht für Kinder. Der Begriff ‚gesund‘ ist für ein Kind viel zu abstrakt – Essen sollte in erster Linie schmackhaft und appetitlich angerichtet sein. Denn das Auge isst auch bei Kindern immer mit.

Mit fünf Jahren war unser Sohn ein aufgewecktes, kreatives und gesundes Kind und er liebte das vegane Essen innerhalb unserer Familie. Ich sage ‚innerhalb unserer Familie‘, weil er zunehmend auch außerhalb unserer Familie und somit auch in einer nicht veganen Umgebung lebte. Mein Bestreben, ihn vollkommen vegan aufwachsen zu lassen, musste einigen Kompromissen weichen, aber der rote Faden meiner veganen Leidenschaft hat unser Leben bis zum heutigen Tag geprägt.

Solange der Veganismus noch nicht als selbstverständlicher Bestandteil in unserer Gesellschaft angekommen ist, solange dürfen Kompromisse akzeptabel sein, weil als erster Schritt allein der vegane Weg das Ziel ist. Vielleicht verstehen unsere Kinder nicht immer, warum das eine oder andere nicht gut für sie ist, aber das wäre auch zu viel verlangt. Situationen, in denen sich Kinder im Supermarkt schreiend auf den Boden werfen, um ihre Mütter damit für ein paar Süßigkeiten zu erpressen, waren uns allerdings völlig fremd. Ich empfand es als ein großes Glück, unser Kind mit der natürlichsten Nahrung, die es gibt, aufwachsen zu sehen. Auch empfinde ich es als Bestätigung, das Misstrauen vieler unwissenden Kritiker im Laufe der Zeit widerlegt zu haben, und ich bin bis heute ein wenig stolz darauf, die ethische Komponente unserer Lebensform vorleben und weitergeben zu können.

Dr. Michael Klapper beschreibt in seinem fundierten Ratgeber *Viva Vegan für Mutter und Kind*, dass das alte Sprichwort „Wie der Zweig gebogen wird, so wächst der Baum" auch auf die Gesundheit unserer Kinder zutrifft. Laut Dr. Klapper erfolgt die Arterienverkalkung Schritt für Schritt mit jeder konsumierten fettigen Frikadelle oder jedem Milchshake von Kindheit an. Ich kann mich dieser Erkenntnis aufgrund meiner eigenen, praktischen Erfahrungen nur anschließen.

Wir erleben schon heute den Beginn von Zivilisationskrankheiten bei den Kindern. Weil sich der gesellschaftliche Zeitmangel auch in den Familien widerspiegelt, greifen viele Eltern vermehrt zu Fertiggerichten – Süßigkeiten stellen längst keine seltene Besonderheit mehr dar. Die Unwissenheit der Mütter und Väter wird von der Fast-Food-Industrie für ihre Zwecke genutzt. Die Gesundheit der Kinder bleibt indessen ungeachtet und so erhält das Zitat von Dr. Klapper eine neue, traurige Variante, denn ein Kind, das überwiegend mit degenerierter und nährstoffzehrender Nahrung aufwächst, wird die gesundheitlichen Folgen – manchmal erst viele Jahre später – selbst zu tragen haben.

Ein Umdenken in der Ernährung ist ein Schlüssel für gesunde und unbeschwerte Kinder. Kinder orientieren sich an Vorbildern, ihren Eltern, ihren Erziehern und ihren Lehrern. Genau dort sollte ein neuer Ernährungsansatz erfolgen. Nachdem die vegetarische Ernährung für Kinder langsam – mit dem Segen der Wissenschaft – salonfähig geworden ist, ist es an der Zeit, auch die unbezweifelbaren Vorzüge der veganen Ernährung anzuerkennen. Die Zeit ist reif, Studien über die Vorteile der veganen Vollwerternährung auch an pädagogische Multiplikatoren heranzutragen und mit ihnen vertraut zu machen.

Eine amerikanische Studie von 1980 (Fulton, j.R., Hutton, C.W. & Stitt, K.R., Preschool of vegetarian Children) berichtete über 48 Kinder im Vorschulalter aus ‚The Farm', einer veganen Kommune in Tennessee. Die Energiezufuhr lag bei fast allen Kindern über dem amerikanischen RDA (Durchschnitt), und alle verzehrten mindestens die empfohlenen Proteinmengen, einschließlich aller essenziellen Aminosäuren. Größe und Gewicht fast aller Kinder lagen innerhalb des normalen Spielraumes. Eine noch umfangreichere Studie mit Kindern aus ‚The Farm' wurde 1989 veröffentlicht (O'Connell, J.M., Dibly, M.J., Sierra, J. Wallace, B., Marks, J.S. & Yip, R., Growth of vegetarian Children). In dieser Studie wurden Informationen über die Größe der 4 Monate bis 10 Jahre alten Kinder gesammelt. Fast dreihundert von ihnen waren von Geburt an vegan ernährt worden.

Viele der auf ‚The Farm' verzehrten Nahrungsmittel wurden dort auch angebaut und waren mit den Vitaminen A, B und D sowie mit einigen Mineralstoffen angereichert. Die Geburtsgewichte waren normal; die Verhältniswerte von Größe und Gewicht zum Alter und von Gewicht zu Größe entsprachen bei den meisten Kindern den Werten in der amerikanischen Durchschnittsbevölkerung (*Vegane Ernährung* von Gill Langley, S.198 / 199). Die zuletzt bekannt gewordene China Study ist hier sicherlich wegweisend.

Anhand dieser Studien dürfte es nicht schwer sein, die oft aus Unwissenheit erworbene Distanz oder Ablehnung zur veganen Ernährung kurzerhand zu revidieren. Beginnen wir also heute mit dem ersten Schritt und sind wir als Eltern in jeder Hinsicht ein konstruktives Vorbild für unsere Kinder., Der Weg ist das Ziel und die Erkenntnis ist der erste, wichtige Schritt.

ALLGEMEINE TIPPS FÜR DIE VEGANE ERNÄHRUNG

Nachfolgend möchte ich noch einige weitere praktische Tipps dafür geben, wie der Energie- und Nährstoffgehalt für vegan lebende Kinder verbessert werden kann. So stehen bei uns beispielsweise jederzeit erreichbar Nüsse, Trocken- und Frischobst auf dem Tisch, damit wir uns nach Bedarf davon nehmen können. Ich habe die Erfahrung gemacht, dass sowohl von Kindern als auch von Erwachsenen das Angebot von frischen Rohkostplatten als Snack zwischendurch gern angenommen wird. Gerade bei Kindern sind mehrere kleine Mahlzeiten sehr wichtig, da sie einen hohen Energiebedarf haben und der Appetit auf ungesunde Lebensmittel erst gar nicht geweckt wird. Wenn wir Kinderbesuch haben, dann bereite ich oft Fruchtspieße zu, die liebend gern von den Kindern angenommen werden.

Wenn ich Kuchen backe, dann ausschließlich aus Vollkornmehl und gern auch mit Nüssen und Rosinen angereichert, um auch hier den Nährwert zu erhöhen. Geröstete Sonnenblumenkerne sind gesunde Eiweißlieferanten, die viele Mahlzeiten bereichern können. Sojadrinks mit frischem, pürierten Obst, etwas Vanille und Mandelmus schmecken fantastisch und sind im Handumdrehen zubereitet. Auch die Margarine (aus überwiegend ungesättigten Fettsäuren und ungehärtet) mische ich mit gemahlenen Mandeln, etwas Kakao und Ahornsirup, um einen nährstoffreichen Brotaufstrich herzustellen. Für die salzige Variante sind geröstete Sesamsamen mit Kräutersalz ein echter Geschmacksgewinn. Pürierter Räuchertofu ist ein Geheimtipp für alle, die deftige Brotaufstriche mögen und ich möchte auch die Sprossen erwähnen, die nicht nur dekorativ, sondern vor allen Dingen wahre Nährstoffbomben sind.

Haben Sie zum Frühstück schon einmal ein frischgebackenes Haferbrot mit Cashewnussbutter und Himbeermarmelade probiert? Und dazu einen Carokaffee mit Vanillesojadrink? Die vegane Ernährung führt uns unwillkürlich weg vom alltäglichen Einerlei bis hin zu den größten kulinarischen und gesundheitlich befriedigenden Genüssen. Die vegane Ernährung ist ein Genuss der Superlative, und ich hoffe, durch meine Rezepte einen Teil dazu beitragen zu können.

Auf die oft gestellte Frage: „Was kann man denn bei einer veganen Ernährung überhaupt noch essen?" hoffe ich, eine zweifellose Antwort gegeben zu haben. Es gibt für nahezu jedes tierische Nahrungsmittel einen veganen Ersatz.

VEGANE ALTERNATIVEN ZU TIERISCHEN PRODUKTEN

Vitamin	Worin enthalten
Milch	Soja-, Reis-, Hafer-, Kokosnussdrink mit Kalzium angereichert und gesüßt
Joghurt	Sojaghurt, gesüßt und natur
Quark	Seidentofu
Ei	Eiersatz (1 EL Sojamehl vollfett plus 2 EL Wasser)
Honig	Ahornsirup, Agavendicksaft, Birkenzucker (Xylitol), Stevia
Käse	Tofu (Tofu natur, muss gut gewürzt werden), veganer Käse in verschieden Sorten
Sahne	Kokosnusscreme, weißes Mandelmus, Sojacreme (auch aufschlagbar)
Mayonnaise	vegan erhältlich im Bioladen
Gebäck	vegan erhältlich im Bioladen
Gummibärchen	vegan erhältlich im Bioladen
Schokolade	vegan erhältlich im Bioladen (ab 70 % Kakaogehalt)

Außerdem gibt es eine große Auswahl an Sojawürstchen, Sojaaufschnitt, Sojagranulat usw. Erfahrungsgemäß nehmen diese Nahrungsmittel einen großen Stellenwert bei der Umstellung auf die vegetarische Ernährung ein, um den Abschied von Fleisch, Wurst und Fisch etwas schonender zu gestalten. Den Hauptbestandteil der veganen Ernährung bilden sie jedoch nicht. Ich verwende regelmäßig Tofu in den verschiedensten Geschmacksvarianten. Scharf angebraten mit Pfeffer und Salz verliert einfacher Tofu seinen faden Geschmack und passt zu jeder deftigen Speise. Tofu natur kann aber auch süß zubereitet werden, wobei der Verwendung von vielen Gewürzen eine große Bedeutung zukommt. Räuchertofu dagegen kann auch einfach pur, auf Brot oder als Beilage gegessen werden. Der Verwendung sind keine Grenzen gesetzt und mittlerweile gibt es auch Kochbücher, die sich ausschließlich mit der vielfältigen Zubereitung von Tofu beschäftigen.

Ein weiterer Vorteil der veganen Ernährung ist, dass man sich eine gute Vorratshaltung an Nüssen, Getreide, Trockenobst, Reis, Sojadrink usw. anlegen kann und daraus jederzeit ein spontanes Gericht zubereiten kann. Beim Besuch unangemeldeter Gäste können wir innerhalb einer Stunde einen Kuchen backen, ohne auf Eier, Butter oder Milch zurückgreifen zu müssen, die eine nicht vegane Köchin möglicherweise sowieso nicht jederzeit im Hause hat. Viele meiner Rezepte sind durch Improvisation entstanden und das waren nicht selten die interessantesten. Und so werden auch weiterhin viele neue Rezepte entstehen, weil auch die Kreativität in der vegane Küche endlos und stets optimierbar ist. Kritiker der veganen Ernährung werden ihre Skepsis zugunsten der steigenden veganen Popularität revidieren müssen und auf diese Weise wird diese wundervolle Ernährungsform zu dem Ruhm kommen, der ihr unbestreitbar gebührt.

PRO UND CONTRA VEGANE KINDERERNÄHRUNG

Ich möchte in diesem Kapitel auch die kritischen Argumente behandeln, mit denen sich vegan lebende Menschen am häufigsten konfrontiert sehen. Wie bereits an anderer Stelle in diesem Buch aufgeführt, ist ein solides Grundwissen über Ernährung unausweichlich, weil Kinder in keiner Phase ihres Wachstums auch nur tendenziell einen Mangel erleiden dürfen. Auf die Frage nach meiner persönlichen Ernährungskompetenz möchte ich antworten, dass ich mich schon seit meiner Jugend für gesunde Ernährung interessiert habe. Es verwundert vielleicht, warum ich diesen Weg nicht beruflich eingeschlagen habe, aber stattdessen habe ich entsprechende Literatur regelmäßig leidenschaftlich verschlungen und für mich erfahren, dass gesundes Essen und Genuss identisch sind.

Als ich mich im Alter von 21 Jahren für die vegetarische Lebensweise entschieden hatte, geschah dies nicht nur aus ethischen Gründen, sondern weil ich entdeckte, dass Fleischverzehr eher durch eine unreflektierte Tradition geprägt war, als dass es meinem wirklichen Bedürfnis entsprach. In meinem tiefsten Innern war die authentischste Lebensform für mich schon immer vegan und die erfreuliche Popularität des Veganismus zeigt, dass es vielen anderen Menschen genauso geht. Veganismus bedeutet für mich Genuss, Kreativität in der Küche, Leichtigkeit, Gesundheit und Verantwortung. Für mich ist diese Lebensweise Glück pur und so liegt es nahe, dass ich dieses Glück an alle Menschen weitergeben möchte, die sich gerade von ihren alten Traditionen lösen. Der Weg ist das Ziel! Wir können und dürfen unsere Kinder ganz unbeschwert vegan ernähren, wenn wir uns die Grundsätze der veganen Ernährung zu eigen machen. Manchmal werde ich gefragt, ob eine vegane Ernährung in sich schlüssig sein kann, wenn beispielsweise Vitamin B12 nur durch Supplementierung zugeführt werden kann. Meine tiefe Überzeugung lautet: JA! Denn die vegane Ernährung ist auch eine Entscheidung dafür, den Status quo der heutigen Industrie-dominierten Ernährungsweise nicht unterstützen zu wollen und sich stattdessen für einen Weg aus Eigenverantwortung und natürlicher Lebensweise entscheiden zu wollen. Ich wünsche mir, dass Kinder mit natürlicher Nahrung aufwachsen und dass ihr Lebensraum auch in den kommenden Jahrzehnten eine Grundlage für ein unbeschwertes Leben – geistiger und physischer Art – darstellt. Ich möchte, dass unser Klima und unsere Umwelt nicht länger durch die sinnlose Überproduktion von fühlenden Lebewesen zerstört wird und unser Mitgefühl nicht länger dieser perspektivlosen Entwicklung geopfert wird.

Vitamin B 12 (Methylcobalamin)

Es entspricht der Tatsache, dass eine vegane Ernährung ohne Supple-mentierung bzw. angereicherte Lebensmittel den Bedarf an Vitamin B12 nicht ausreichend decken kann. Die Deutsche Gesellschaft für Ernährung (DGE) empfiehlt eine tägliche Zufuhr von 3 Mikrogramm. Ein Mangel an Vitamin B12 hat Störungen der Zellteilung im gesamten Organis-mus zur Folge. Typische Symptome zeigen sich in Form von Blutarmut, blasser Haut und Schleimhäute, allgemeine Schwäche und Ermüdbar-keit. Bei einer schwerwiegenden Form kann die Schädigung des Zent-ralnervensystems, Schwäche von Reflexen und Bewegung bis hin zu psy-chiatrischen Störungen auftreten. Aufgrund von hohen Körperspeichern kann es beim Erwachsenen Jahre dauern, bis sich klinische Symptome eines Vitamin B12-Mangels zeigen, so dass es ratsam ist, den Versor-gungszustand mit Vitamin B12 frühzeitig durch Blutanalysen bestim-men zu lassen. Die deutsche Vegan-Studie zeigte, dass mit zunehmender Dauer der veganen Ernährung die Blutkonzentration an Vitamin B12 kontinuierlich abnahm. Somit ist die ausreichende Zufuhr an Vitamin B12 über angereicherte Lebensmittel und Nahrungsergänzungsmitteln in Form von Tabletten oder Tropfen sicherzustellen. Schwangere und stillende Veganerinnen sollten besonders auf eine adäquate Zufuhr ach-ten, um die Vitamin B12-Versorgung ihrer Kinder zu sichern. (Quelle: http://vebu.de/gesundheit/naehrstoffe/vitamin-b12)

Vitamin B2

Vitamin B2 ist für den Erhalt aller Körperfunktionen unerläßlich. Es erfüllt Funktionen beim Wachstum, der embryonalen Entwicklung, der Krankheitsabwehr und dem Schutz der Nervenzellen. Es kommt in zahlreichen pflanzlichen Lebensmitteln vor. Insbesondere Vollkornprodukte, Hefeflocken, Nüsse, Pilze, Ölsaaten und Hülsenfrüchte stellen eine gute Vitamin B2-Quelle dar. Eine unzureichende Versorgung gilt als Risikofaktor für einen erhöhten Homocysteinspiegel, der wiederum das Risiko für Atherosklerose und Herz-Kreislauf-Erkrankungen steigert.

Vitamin D

Dieses Vitamin zählt zu den fettlöslichen und wird überwiegend im Fettgewebe der Skelettmuskulatur gespeichert. Der menschliche Körper kann Vitamin D bei ausreichender Sonneneinstrahlung (30 Minuten) selbst produzieren, sodass es im eigentlichen Sinne kein Vitamin darstellt.

Es kommt nur in wenigen Lebensmitteln vor, die für eine vegane Ernährung geeignet sind: Pilze, Pfifferlinge oder Champignons. Daher wird es häufig Lebensmitteln wie Margarine oder Säuglingsnahrung zugesetzt. Bei Vitamin D-Mangel wird der Knochenbaustein Kalzium nur unzureichend vom Körper aufgenommen. Eine Unterversorgung mit Kalzium führt zu Störungen des Nervensystems und einer Entkalkung des Skeletts. Während des Wachstums bei Kindern kann ein Vitamin D-Mangel zu einer Rachitis führen. Die derzeitige Zufuhrempfehlung der DGE lautet 5 Mikrogramm und auch hier kann durch eine Blutanalyse der Vitamin D-Status bestimmt werden.

Da vegan lebende Menschen aufgrund ihrer geringen Vitamin D-Aufnahme niedrige Konzentrationen im Blut aufweisen können, sollte ihre Versorgung durch angereicherte Lebensmittel, Nahrungsergänzungsmittel und dem regelmäßigen Aufenthalt im Freien sichergestellt werden. Unabhängig davon bleibt festzuhalten, dass weite Teile der

Bevölkerung unzureichend mit Vitamin D versorgt sind, unabhängig von ihrer Ernährungsweise. (Quelle: http://vebu.de/gesundheit/naehrstoffe/vitamin-d)

Eisen

Bei der Eisenaufnahme unterscheidet man zwischen zwei- und dreiwertigem Eisen, wobei das zweiwertige Eisen eine höhere Bioverfügbarkeit besitzt. Eisen ist als Bestandteil des Hämoglobins, dem Farbstoff in den roten Blutkörperchen, für den Sauerstofftransport im Körper verantwortlich. Es spielt eine wichtige Rolle für die Energiebereitstellung in der Zelle und ist an der Bildung von Hormonen und weiteren Botenstoffen beteiligt.

Bei einer veganen Ernährung wird jeweils dreiwertiges Eisen zugeführt, dessen Aufnahme durch fördernde und hemmende Substanzen gesteigert oder verringert werden kann. In pflanzlichen Lebensmitteln wirken die Phytalate (siehe Textbaustein Vitamine und Mineralstoffe im Überblick) am stärksten hemmend auf die Eisenaufnahme. Die Verfügbarkeit kann jedoch durch bereits geringe Mengen an Vitamin C um das mehrfache gesteigert werden. Ein wichtiger Beitrag für die vegane Eisenversorgung bieten Hülsenfrüchte, Ölsamen (Sesammus), Nüsse, Vollkorn und Trockenfrüchte. Auch Spinat enthält viel Eisen, das jedoch nur zu einem geringen Teil vom Körper aufgenommen werden kann. Gute Nährwertkombinationen ergeben sich aus Haferflockenmüsli (Eisen) mit Organgensaft (Vitamin C), Rohkostsalat und Vollkornbrot oder Hülsenfrüchte mit Rohkost. Wenn Kinder rote Säfte (Trauben- oder Beerensaft) trinken, grüne Gemüse- und Salatsorten, Hülsenfrüchte (Erbsen, Linsen, Kidneybohnen), Trockenfrüchte, Rosinen, Pistazien, Sonnenblumenkerne, Hirse und Amaranth regelmäßig in abwechslungsreicher Form zu sich nehmen, ist eine gute Eisenversorgung auf jeden Fall gewährleistet. Ein klinischer Eisenmangel (Anämie) kommt in den Industrieländern eher selten vor. Leichte Eisenmangelzustände, die sich durch unspezifische Symptome wie Erschöpfung, Kopfschmerzen und Abgeschlagenheit zeigen, sind dagegen etwas häufiger anzutreffen. Neuesten Erkenntnissen zufolge werden Eisenspiegel im unteren Normbereich als gesundheitlich günstiger eingestuft, als hohe Eisenspeicherungen, die das Risiko für Atherosklerose, Herz-Kreislauf-Erkrankungen und Krebs erhöhen. (Quelle: http://vebu.de/gesundheit/naehrstoffe/eisen)

Zink

Zink ist an den Vorgängen des Proteinstoffwechsels, des Immunsystems, der Wundheilung und des Sehvorgangs beteiligt. Die Bioverfügbarkeit von Zink wird ebenfalls durch die in Getreide und Hülsenfrüchte enthaltenen Phytate gehemmt, können aber durch Sauerteiggährung, Einweichen oder Keimen abgebaut werden. Zitronensäure und viele Obstarten verbessern die Zinkverfügbarkeit hingegen. Ein Zinkmangel kann sich durch ein vermindertes Wachstum, schlechte Wundheilung, Appetitlosigkeit, Sehstörungen, Immunschwäche und gestörte Fortpflanzungsfähigkeit bemerkbar machen. Zu den zinkreichen Lebensmitteln zählen Sonnenblumenkerne, Sesamsamen, Kürbiskerne, Cashewkerne, Hülsenfrüchte und grünes Blattgemüse. (Quelle: http://vebu.de/gesundheit/naehrstoffe/zink)

Kalzium

Kalzium spielt eine wichtige Rolle bei der Blutgerinnung, beeinflusst die Erregbarkeit von Nervenzellen und Muskulatur und aktiviert Hormone und Enzyme. Vitamin D steigert die Kalziumaufnahme im Darm und verringert die Ausscheidung über die Nieren. Gute Kalziumlieferanten stellen angereicherte Sojaprodukte, dunkelgrüne Gemüsesorten (Grünkohl, Spinat, Brokkoli), verschiedene Nussarten, getrocknete Feigen, Mohn, Mandeln (und daraus hergestellte Mandelmilch) und kalziumreiche Mineralwässer (300mg Kalzium pro Liter) dar. Oxalate, die in Gemüse wie Spinat, Mangold und Rhababer vorkommen, können die Kalziumaufnahme reduzieren. Dies gilt auch für Phytate, die in Sesam und Vollkornprodukten vorkommen. Daher sind Gemüsesorten mit niedrigem Oxalsäuregehalt zu empfehlen. Auch Tofu kann eine gute Kalziumquelle darstellen, wenn er mit Kalziumsufat hergestellt wurde. Allerdings sollten Sojaprodukte für Kleinkinder in Maßen eingeführt werden, da auch Soja potenziell allergen sein kann. Dies gilt es immer im individuellen Fall auszutesten. Neben angereicherten Sojadrinks in verschiedenen Geschmackssorten stellt der Handel mittlerweile auch köstliche Reis-, Mandel-, Kokosnuss- und Haferdrinks bereit, die jeweils mit Kalzium angereichert werden. (Quelle: http:// vebu.de/gesundheit/naehrstoffe/kalzium)

Jod

Jod ist ein elementarer Bestandteil der Schilddrüsenhormone, die die Bildung von Proteinen steuern und unverzichtbar für Gewebewachstum und Zellteilung sind. Ein ernährungsbedingter Jodmangel kann zu einer erniedrigten Blutkonzentration der Schilddrüsenhormone führen, was langfristig eine Schilddrüsenunterfunktion mit reduzierter Hormonbildung zur Folge haben kann.

Vegan lebenden Menschen wird empfohlen, eine ausreichende Jodzufuhr durch die ausschließliche Verwendung von jodiertem Salz sowie Meeresalgen mit moderatem Jodgehalt sicherzustellen. Beim erhöhten Verzehr jodreicher Algen besteht die Gefahr, einer zu hohen Jodaufnahme, wovon unbedingt abzuraten ist. (Quelle: http://vebu.de/ gesundheit/naehrstoffe/jod)

KOMPAKTWISSEN VEGANE KINDERERNÄHRUNG

Ich möchte nachfolgend noch einmal zusammenfassen, auf welchen Grundsätzen die vegane Kinderernährung aufgebaut sein muss, um das höchstmögliche Nährstoffniveau erreichen zu können. Als Mutter habe ich es fast ausschließlich so gehandhabt, die vegane Ernährung mit den qualitativ hochwertigsten Nahrungsmitteln aus biologischem Anbau zu gestalten. Indem ich zu jeder Mahlzeit und Zwischenmahlzeit ausschließlich nährstoffreiche und unverarbeitete Lebensmittel anbot, war unser Kind stets ausreichend mit den essenziellen Nährstoffen versorgt. Eine vegane Kinderernährung, die anteilig auch Fast Food bzw. stark verarbeitete Produkte enthält, kann den hohen Nährstoffbedürfnissen eines heranwachsenden Kindes nicht gerecht werden. Auch die Tatsache, dass Kinder kein so großes Nahrungsvolumen zu sich nehmen können, erfordert, Lebensmitteln mit einer hohen Nährstoffdichte den Vorrang zu erteilen.

Konventionelle Süßigkeiten werden durch Trockenobst, Nüsse, Obst, selbst hergestellten Vollkorngebäck oder Müsli- und Fruchtriegeln ersetzt. Für unterwegs bieten sich großzügig belegte Vollkorn- oder Mehrkornbrote mit pflanzlichen Brotaufstrichen und Salatblättern, mit Erdnussbutter (oder einem anderen Nussmus) und mit Bananenscheiben belegt an. Der Fantasie in der veganen Ernährung sind praktisch keine Grenzen gesetzt. Auch energiereiche Getränke wie pürierte Bananen-Sojashakes oder Smoothies aus vielerlei frischen Obstsorten sind bei Kindern sehr beliebt und stellen das optimale Verhältnis zwischen Genuss und Ausgewogenheit dar.

Dennoch gibt es auch immer Phasen im Leben eines Kindes, in denen eine Supplementierung von Nährstoffen sinnvoll sein kann. Beispielsweise, wenn die Nahrungsaufnahme phasenweise gering ausfällt oder auch während des Wachstums. Die Dosierung von Nahrungsergänzungsmitteln muss an die Bedürfnisse eines Kindes angepasst und möglichst frei von chemischen Bestandteilen sein. Hierfür gibt es beispielsweise Lutschtabletten, die ganz einfach eingenommen werden können und das Kind schnell mit einem Nährstoffschub versorgen. Grundsätzlich ist es wichtig, Nahrungsmittel mit einer hohen Nährstoffdichte zu identifizieren und Abwechslung bei der Auswahl an Nahrungsmitteln zu gewährleisten. Kinder sollten so oft wie möglich bei der Zubereitung der Mahlzeiten helfen dürfen, denn bei diesem Prozess entwickeln sie einen natürlichen Bezug zur gesunden Ernährung, die sie immer wieder gern aktiv mitgestalten möchten.

POTENZIELL KRITISCHE NÄHRSTOFFE BEI VEGANER ERNÄHRUNG

Der deutschen Gesellschaft für Ernährung e.V. zufolge kann es bei einer veganen Ernährung aufgrund ungenügender Zufuhr zu einer Unterversorgung mit Energie, Protein, Eisen, Kalzium, Jod, Zink, Vitamin B2 (Riboflavin), Vitamin B12 (Cobalamin) und Vitamin D kommen. Die Zufuhr langkettiger n-3 Fettsäuren könne ebenfalls gering sein (Grüttner 1991, Jacobs und Dwyer 1988, Kirby und Danner 2009, Leitzmann und Keller 2010).

Nach Young und Pellett (1994) kann eine Ernährung auf ausschließlich pflanzlicher Basis durchaus ein normales Wachstum von Kindern ermöglichen. Allerdings betonen sie die Notwendigkeit der Kombination verschiedener pflanzlicher Proteinquellen (z. B. Soja und Getreide) zur Erhöhung der biologischen Wertigkeit (Prinzip der Ergänzungswirkung von Protein bzw. Aminosäuren).

Dr. Markus Keller, Ernährungswissenschaftler, Gründer und Leiter des Instituts für alternative und nachhaltige Ernährung (IFANE) hält eine vegane Ernährung in allen Lebensphasen, einschließlich Stillzeit und Kindheit, für möglich und schreibt ihr bei richtiger Durchführung zahlreiche gesundheitliche Vorteile zu. Wichtige Voraussetzung dabei sei die Verwendung einer breiten Vielfalt von pflanzlichen Lebensmitteln. Auch die kompetente Beratung einer Ernährungsfachkraft kann für Eltern hilfreich sein, um eine optimale Nährstoffversorgung ihres Kindes sicherzustellen und mögliche Mängel zu vermeiden.

In ihrem Positionspapier zur vegetarischen Ernährung stellt die American Dietetic Association fest, dass eine gut geplante vegetarische Ernährung, einschließlich komplett vegetarischer oder veganer Ernährungsformen, gesund und ernährungsphysiologisch bedarfsgerecht ist sowie gesundheitliche Vorteile in der Prävention und der Behandlung bestimmter Krankheiten bietet. Gut geplante vegetarische Ernährungsformen sind für Menschen aller Lebensphasen geeignet, einschließlich

Schwangere, Stillende, Kleinkinder, Kinder und Jugendliche sowie Sportler. (ADA (American Dietetic Association): Craig WJ, Mangels AR (authors): Position of the American Dietetic Association: vegetarian diets. J Am Diet Assoc 109 (7), 1266-82, 2009)

ZU DEN REZEPTEN

Die nachfolgenden Rezepte sind einfach und ohne größeren Zeitaufwand herzustellen. Alle Zutaten sind in der Regel in gut sortierten Bioläden, Reformhäusern und mittlerweile auch in den größeren Supermärkten erhältlich. Von großer Bedeutung ist die Frische der zu verwendenden Zutaten sowie die Herkunft aus kontrolliert ökologischem Anbau. Das Zurückgreifen auf Konservendosen oder Tiefkühlkost sollte allenfalls eine Ausnahme sein. Wenn einmal keine Zeit zum Kochen bleibt, dann können wir unseren Kindern vorzugsweise einen nährstoffreichen Obstsalat mit Nüssen (Mandelmilch) und Rosinen oder eine Gemüserohkostplatte mit Vollkornbrot, Räuchertofu, Sojaprodukten oder Nussmus servieren, anstatt zu nährstofflosen Fertigprodukten zu greifen. Es gibt so viele köstliche vegane Variationen, auf die wir jederzeit mit Genuss zurückgreifen können, sodass das Verlangen nach geschmacklosen Fertiggerichten von ganz allein vorübergehen wird. Dieses Buch soll veganen Müttern und Vätern einen Überblick über die tiereiweißfreien Nahrungsmittelzubereitungen geben und zum Ausprobieren inspirieren. Vegan zu kochen ist nicht nur ganz einfach, es schmeckt auch richtig gut. Und wer einmal in die grenzenlose Kreativität der veganen Küche eingetaucht ist, wird nur schwer wieder von ihr lassen können.

Der nachfolgende Saisonkalender gibt einen Überblick darüber, zu welcher Jahreszeit frisches, aktuell verfügbares Obst und Gemüse erhältlich sind. Dabei sollte dem regionalen Angebot beim Einkauf stets Vorrang gegeben werden.

OBST

Äpfel:	September bis April
Aprikosen:	Mai bis September
Birnen:	Juli bis Dezember
Brombeeren:	Juli bis Oktober
Erdbeeren:	Mai bis Juli
Heidelbeeren:	Juni bis September
Himbeeren:	Juli bis August
Holunderbeeren:	August bis Oktober
Johannisbeeren:	Juni bis August
Süße Kirschen:	Juni bis August
Saure Kirschen:	Juni bis September
Mirabellen:	Juni bis September
Pfirsiche:	Juni bis September
Pflaumen:	Juli bis September
Preiselbeeren:	Juli bis September
Quitten:	September bis Oktober
Stachelbeeren:	Juni bis August
Weintrauben:	Juli bis Oktober

GEMÜSE

Auberginen:	Juni bis Oktober
Pflücksalat:	Mai bis Oktober
Bleichsellerie:	Juli bis März
Blumenkohl:	Juni bis November
Brokkoli:	Juni bis Oktober
Champignons:	September bis Mai
Chicoree:	September bis März
Chinakohl:	September bis März
Eichblattsalat:	Juni bis November
Einlegegurken:	Juni bis November
Eisbergsalat:	Mai bis Dezember
Endiviensalat:	Juli bis November
Erbsen:	Juni bis September
Feldsalat:	September bis März
Fenchel:	Oktober bis April
Grünkohl:	Oktober bis Februar
Kartoffeln:	Januar bis Dezember
Kohlrabi:	Mai bis Oktober
Kopfsalat:	April bis September
Kürbis:	Juli bis Dezember
Lollo Rosso:	Mai bis Oktober
Möhren:	Mai bis Dezember

Meerrettich:	September bis April
Porree:	Juni bis Februar
Radieschen:	Mai bis September
Rhabarber:	April bis Juli
Rettich:	April bis Januar
Rosenkohl:	September bis Februar
Rote Bete:	September bis März
Rotkohl:	Juli bis März
Salatgurken:	Mai bis Oktober
Schwarzwurzel:	September bis April
Sellerieknollen:	August bis Mai
Spargel:	April bis Juni
Spinat:	März bis November
Tomaten:	Juli bis Oktober
Weißkohl:	August bis März
Wirsing:	August bis Februar
Zucchini:	Mai bis September
Zwiebeln:	Januar bis Oktober

FRÜHSTÜCKS-
IDEEN

KINDERMÜSLI

2-3 EL Haferflocken
1 EL Weinbeeren
1 EL gemahlene Mandeln
ca. 200 ml Sojadrink (kalziumangereichert)
1 kleine Banane
1 kleiner Apfel
Ahornsirup und Vanille zum Süßen

Alle Zutaten miteinander vermengen und kurz einweichen. Eventuell mit etwas Ahornsirup süßen und mit Vanillepulver abschmecken.

Tipp: *Bei einer Unverträglichkeit von Sojadrink kann sowohl auf Hafer-, Reis- oder selbstgemachten Mandeldrink zurückgegriffen werden. Soja-, Hafer- und Reisdrink wird mittlerweile auch in den Supermärkten angeboten. In Reformhäusern und Bioläden sind sie grundsätzlich erhältlich. Ein Übermaß an Sojadrink sollte zu Gunsten weiteren Pflanzenmilch-Alternativen vermieden werden.*

KNUSPERMÜSLI SELBSTGEMACHT

400 g Haferflocken
50 g Sonnenblumenkerne
50 g Kokosflocken
50 g gehackte Mandeln
150 ml Sonnenblumenöl
100 ml Agavendicksaft
Vanille

Alle Zutaten miteinander vermengen und auf ein mit Backpapier ausgelegtes Backblech gleichmäßig verteilen. Im vorgeheizten Backofen bei 200 Grad auf der untersten Schiene
für 10-15 Minuten backen. Nach den ersten zehn Minuten
einmal wenden. Abkühlen lassen und mit Sojadrink oder
Sojajoghurt mit Früchten servieren.

FRÜCHTESOJAGHURT

1 Banane
1 Apfel, geraspelt
1 EL Rosinen
1 Sojaghurt, ungesüßt

Die reife Banane mit einer Gabel zermusen und den Apfel
fein raspeln. Die Rosinen und den Sojajoghurt dazugeben,
gut verrühren und servieren. Nach Bedarf mit etwas Birkenzucker nachsüßen.

HASELNUSS-BANANE

1 Banane
1 EL Haselnussmus o. a.
1 EL gehackte und geröstete Haselnüsse
1 EL Rosinen

Die reife Banane halbieren und jeweils beide Hälften mit dem Haselnussmus bestreichen. Es kann auch Mandelmus oder ein anderes Nussmus genommen werden. Die gehackten Haselnüsse und Rosinen über die Bananen streuen und servieren.

Tipp: Bei einer Unverträglichkeit von Haselnüssen kann auf weißes Mandelmus zurückgegriffen werden. Da Mandeln in der Regel gut verträglich sind, einen hohen Nährstoffgehalt und als Mus einen cremigen Geschmack aufweisen, stellen sie für nahezu jedes Rezept eine geschmackliche Bereicherung dar.

SALZIGE NUSSKOMPOSITION

3 EL Sonnenblumenkerne, geröstet
3 EL Cashewnüsse, geröstet
1-2 Reiswaffeln
¼ TL Kräutersalz

Die Sonnenblumenkerne und Cashewnüsse kurz in einer trockenen Pfanne anrösten. Die Reiswaffeln zerbröseln und zusammen mit dem Kräutersalz unter die Nüsse mischen. Ein beliebter Knabbersnack für unterwegs.

CASHEWNÜSSE

Cashewnüsse wachsen in tropischen Regionen und enthalten mehr Selen als europäische Cashewnüsse. Sie sind außerdem ein guter Magnesiumlieferant, was für die Stärkung der Knochen und die Enzymaktivität eine wichtige Rolle spielt. Auch Eisen ist als wichtiger Teil des Hämoglobins enthalten. Aus 1 Tasse Cashewnüsse, 1 Esslöffel Agavensirup, 1 Esslöffel Zitronensaft und ½ Tasse Wasser entsteht köstliche Cashewcreme, die man süß oder salzig mit Kräutern genießen kann.

MANDELDRINKSHAKE

100 g Mandeln
300 ml Wasser
2 EL Ahornsirup (oder Agavendicksaft)
1 Banane
100 g Erdbeeren (oder anderes Obst)

Mandeln mit kochendem Wasser überbrühen. Nach ca. 15 Minuten das Wasser abschütten und die Mandeln abziehen. Dann die Mandeln mahlen und mit dem Wasser und dem Ahornsirup aufmixen. Obst hinzufügen und solange mixen, bis der Shake eine dicksämige Konsistenz enthält. Dazu kann ein Obstsalat nach Wahl gereicht werden.

Der Mandeldrinkshake kann beliebig auch mit Kakaopulver, Feigen (Kalzium), Gojibeeren, Wassermelone, Kokosraspeln, Kokoscreme oder Haferschmelzflocken aufgewertet werden. Mit gefrorenen Beerenfrüchten gemixt ist er ein ideales und gehaltvolles Sommergetränk.

BANANA-VANILLA-SHAKE

300 ml Soja- oder Mandeldrink (gesüßt)
1 Banane
1 EL Ahornsirup (o. a.)
1 EL Cashewnussmus
Vanille

Die Banane mit dem Ahornsirup und dem Cashewnussmus in einen Mixer geben, mit Sojadrink auffüllen und kurz aufmixen. Nach Belieben mit Vanille oder auch Zimt würzen.

Tipp: *Bananen enthalten die Mineralstoffe Kalium und Magnesium, die für die Funktion von Muskeln und Nerven sowie für die Energiegewinnung und den Elektrolyt-Haushalt wichtig sind. Das macht Bananen zu einem perfekten Snack für zwischendurch. Weitere Mineralstoffe und Spurenelemente wie beispielsweise Phosphor, Kalzium Eisen und Zink sowie Vitamin C, Vitamin A, Vitamin K und verschiedene Vitamine der B-Gruppe, vor allem Vitamin B6, sind in Bananen enthalten.*

CAROKAFFEE MIT VANILLE-SOJADRINK

1 EL Getreidekaffee-Pulver
200 ml Vanille-Sojadrink

Für einen Becher Carokaffee (Kinderkaffee) nimmt man einen Esslöffel Carokaffee, der zu einem Drittel mit heißem Wasser aufgegossen wird und mit zwei Dritteln Vanillesojadrink aufgefüllt wird. Ein wärmendes Getränk für kalte Tage.

BANANENBROT

80 g vegane Margarine
100 ml Ahornsirup
½ TL geriebene Zitronenschale
150 g Vollkornmehl
100 g gehackte, geröstete Walnüsse
3 mittelgroße Bananen
1 TL Backpulver

Die Margarine mit dem Ahornsirup und der geriebenen Zitronenschale verrühren. Mehl und Backpulver vermischen und zusammen mit den zermusten Bananen nach und nach dazugeben. Zum Schluss die gehackten Walnüsse unter den Teig heben und in eine mit Backpapier ausgelegte Kastenform füllen. Bei 180 Grad ca. 1 Stunde lang backen.

Tipp: Wenn der Bananenbrotteig nicht zu cremig sein soll, dann kann statt Ahornsirup auch Rohrzucker verwendet werden. Das gilt für alle süßen Rezepte. Ahornsirup, Agavendicksaft oder Rohrzucker können in der Regel und je nach Geschmack beliebig ausgetauscht werden.

YOGI-SCHOKOTEE

1 Teebeutel Yogi-Schokotee (im Bioladen erhältlich)
150 ml Vanillesojadrink
1 TL Ahornsirup

Für einen Becher Yogi-Schokotee wird der Tee etwa zur Hälfte mit heißem Wasser aufgegossen. Nach ca. 10 Minuten kann der Yogitee mit Ahornsirup gesüßt und mit der Vanillesojadrink aufgefüllt werden. Ein köstliches Getränk für Groß und Klein.

SÜSSES QUINOA

1 Portion Quinoa (gekocht)
1 EL Rosinen
1 EL gerösteter Sesam
1 EL Mandelmus
1 EL Ahornsirup oder Rohrzucker

Das gekochte, noch warme Quinoa mit dem Mandelmus, Ahornsirup, Sesam und den Rosinen vermengen, kurz durchziehen lassen und servieren.

Tipp: Quinoa ist eine südamerikanische Getreideart und zeichnet sich durch einen hohen Anteil an vollwertigem Eiweiß aus. Es ist reich an Vitaminen, Mineralstoffen und ungesättigten Fettsäuren und wird ähnlich wie Reis gekocht. Quinoa kann sowohl herzhaft als auch süß zubereitet werden.

HIRSEBREI MIT APRIKOSEN

150 g Hirse
1 Liter Vanillesojadrink, gesüßt
1 EL Ahornsirup
100 g getrocknete Aprikosen oder Apfelmus
2 EL weißes Mandelmus

Die Hirse mit heißem Wasser abspülen und soviel Wasser zum Kochen in den Topf geben, bis die Hirse davon bedeckt ist. Wenn die Hirse zu kochen beginnt, auf kleiner Flamme weiterkochen, bis das gesamte Wasser von der Hirse aufgesogen ist. Anschließend den Sojadrink hinzufügen und noch einmal aufkochen lassen. Die Kochhitze reduzieren und die klein geschnittenen Aprikosen in den Hirsebrei hineinrühren. Ca. 15 Minuten lang köcheln lassen und nach Bedarf mit Ahornsirup nachsüßen. Falls der Brei zu fest wird, noch etwas Sojadrink hinzufügen. Mit einem Klecks Mandelmus geschmacklich verfeinern und etwas Obst dazu servieren.

Tipp: Hirse ist eine sehr nahrhafte und gut verträgliche Getreideart. Sie ist reich an Magnesium und Eisen und stellt aufgrund ihrer günstigen Mineralstoffzusammensetzung eine optimale Kindermahlzeit dar, die – je nach Geschmack – süß oder deftig variieren kann. Aprikosen stellen ebenfalls eine gute Eisenquelle dar und können ein süßes Hirsegericht zusätzlich nährstoffhaltig aufbessern.

MANDELBUTTER

200 g geschälte, gemahlene Mandeln
100 g vegane Margarine

Die Mandeln fein mahlen und mit der veganen Margarine (Zimmertemperatur) vermengen. Diese andere Form des „Mandelmuses" stellt eine bereichernde Alternative zum herkömmlichen Mandelmus dar und kann sowohl pikant (mit Kräutersalz, Zwiebeln oder Kräutern) wie auch süß (mit Marmelade oder Zucker und Zimt) genossen werden.

Tipp: Mandeln sind nicht nur pur genossen eine wahre Leckerei für Kinder, sie zeichnen sich auch durch einen hohen Mineralstoffgehalt, insbesondere Kalzium und Magnesium, aus und sind in der veganen Ernährung unentbehrlich. Kombiniert mit Rosinen stillen sie den Hunger auf Süßes auf die aller gesundeste Weise.

HAFERBROT

250 g gemahlener Hafer

650 g Dinkelmehl

50 g Haferflocken

50 g Sonnenblumenkerne

1 EL Rohrzucker

2 Pakete Trockenhefe

600 ml Sojadrink

1 TL Meersalz

Das Hafermehl mit dem Dinkelmehl, dem Salz und dem Rohrzucker vermischen. Die Sonnenblumenkerne mit den Haferflocken in einer beschichteten, trockenen Pfanne kurz anrösten. Den Sojadrink kurz erwärmen (lauwarm) und mit dem Mehl und den Sonnenblumenkernen zu einem Hefeteig verarbeiten. Es ist wichtig, den Hefeteig mindestens zehn Minuten lang durchzukneten, bis er eine geschmeidige Konsistenz hat. Den Hefeteig mit einem feuchtwarmen Tuch abdecken und eine Stunde lang bei Zimmertemperatur gehen lassen. Danach den Teig gut durchkneten, abdecken und erneut eine Stunde gehen lassen. Danach wird der Teig ein drittes Mal gut durchgeknetet, zu einem Laib geformt, mit den Haferflocken bestreut und auf ein Backblech gelegt. Bevor das Brot gebacken wird, ist eine weitere Ruhezeit von ca. 30 Minuten erforderlich. Dann kann das Brot bei 200 Grad auf der mittleren Schiene für ca. 45 Minuten gebacken werden.

Tipp: Hafer ist ein äußerst nahrhaftes Getreide und zeichnet sich durch einen hohen Mineralstoff- und Eiweißgehalt aus. In Kombination mit Nüssen und Trockenobst stellt Hafer ein qualitativ hochwertiges Nahrungsmittel dar, das in der veganen Küche nicht fehlen darf und sehr vielseitig verwendet werden kann.

IDEEN FÜR DEN BROTAUFSTRICH

- Cashewnussmus mit Marmelade oder Zuckerrübensirup
- Erdnussbutter
- Carobella (schokoähnlicher Aufstrich aus Carob)
- Schokoaufstrich (vegan im Reformhaus oder Bioladen)
- gerösteter Sesam auf Sojaaufstrichen / Margarine
- Tahin (Sesammus) mit Kräutersalz (gehackten oder gerösteten Zwiebeln)
- veganer Brotaufstrich mit Sprossen
- Zuckerrübensirup

ZWISCHENMAHLZEITEN

- Studentenfutter
- Halva (süße Sesampaste)
- Obstspieß der Saison
- Gemüse der Saison mit Räuchertofu / Sojawürstchen
- Reiswaffel mit Erdnussbutter
- Trockenobst (Feigen, Aprikosen)
- geröstete Sonnenblumenkerne
- Sojaghurt mit Weizenkeimen und Obst
- Vollkorngebäck
- Sojadrinkshake mit Früchten

HAUPTGERICHTE

GETREIDEBURGER

100 g Grünkernschrot

50 g Weizenschrot

350 ml Gemüsebrühe

1 Zwiebel

1 EL Kräuter

2 TL Sonnenblumenkerne

Salz, Pfeffer

Weizenmehl

6 Vollkornbrötchen

4 EL Tomatenmark

4 Tomaten

Gurkenscheiben und Salatblätter

Grünkern und Weizenschrot in die Gemüsebrühe einrühren und zu einem dicken Brei kochen. Den Getreidebrei vom Herd nehmen und kurz quellen lassen. In der Zwischenzeit die Zwiebeln in einer Pfanne anbraten und gemeinsam mit den übrigen Zutaten unter den Getreidebrei rühren. Daraus Bratlinge formen, in etwas Weizenmehl wenden und von beiden Seiten anbraten. Jeweils einen Bratling auf ein Vollkornbrötchen (bestrichen mit Tomatenmark) mit Tomaten, Gurken und Salatblättern legen.

HAFERFLOCKENBRATLINGE

250 g Haferflocken
½ Liter Gemüsebrühe
1 Zwiebel
1 EL Petersilie
2 EL Paniermehl
Sonnenblumenöl
Pfeffer, Salz

Die Gemüsebrühe zum Kochen bringen, die Haferflocken hineinrühren und bei geringer Kochhitze zu einem Brei kochen. Die Zwiebel klein hacken und mit der Petersilie unter den Brei heben. Mit etwas Pfeffer und Salz abschmecken. Aus der Masse werden kleine Bratlinge geformt und im Paniermehl gewendet. Das Sonnenblumenöl wird in einer Pfanne erhitzt und nacheinander werden die Bratlinge darin angebraten. Diese Bratlinge schmecken gut zu einem Kartoffelsalat.

CASHEWBRATEN

200 g Cashewnüsse, gemahlen und geröstet
200 g Brotkrumen (Toast oder Mehrkornbrot)
1 Zwiebel
2 Kartoffeln
200 ml Gemüsebrühe
1 EL Sojamehl, vollfett
Pfeffer, Salz

Die Cashewnüsse fein mahlen, das Brot in kleine Krumen zerkrümeln. Die Zwiebel klein hacken und die rohen Kartoffeln fein reiben. Die Gemüsebrühe mit dem Sojamehl verrühren und zu den übrigen Zutaten geben. Alles gut vermengen und mit Pfeffer und Salz abschmecken. Die Cashew-Brotmasse zu einem Laib formen und auf ein mit Backpapier ausgelegtes Backblech geben. Bei 200 Grad ca. 45 Minuten lang backen. Dazu gedünstetes Gemüse oder einen Salat servieren.

KICHERERBSEN-BÄLLCHEN

300 g Kichererbsen

1 Paprikaschote

2 Lauchzwiebeln

2 Knoblauchzehen

2 EL frischer, gehackter Koriander

1 Scheibe Vollkorntoast

½ TL Kreuzkümmel

Salz, Pfeffer

50 g Maisgries

2 EL Vollkornmehl

Pflanzenfett

Die Kichererbsen über Nacht einweichen und am nächsten Tag ca. 1,5 Stunden bei mittlerer Kochhitze garen und anschließend pürieren. Paprika und Lauchzwiebeln waschen und klein schneiden. Knoblauch durch eine Presse geben und den Koriander waschen und klein hacken. Das Toast zerkrümeln und zusammen mit den übrigen Zutaten verkneten. Aus der Masse werden kleine Bällchen geformt und portionsweise im heißen Pflanzenfett frittiert.

HUMMUS

1 Dose Kichererbsen (400 g)

1 Knoblauchzehe

3 EL Tahini (Sesammus)

½ TL Kreuzkümmel

2 EL Olivenöl

2 EL Zitronensaft

Salz, Pfeffer, Paprika

Die Kichererbsen abtropfen lassen und zusammen mit dem Knoblauch, Tahini, Kreuzkümmel und Olivenöl pürieren. Anschließend mit dem Zitronensaft, Pfeffer, Salz und Paprika abschmecken. Hummus wird zu Fladenbrot oder Falafel gegessen.

Tipp: Hummus ist eine beliebte Vorspeise, die mit dünnem Fladenbrot aufgestippt und gemeinsam mit anderen Vorspeisen gegessen wird. Hummus zählt vor allem im Libanon, Israel und Syrien zu den Nationalspeisen, ist aber im gesamten Nahen Osten sehr verbreitet.

BUCHWEIZEN-GEMÜSEPFANNENKUCHEN

250 g Buchweizenmehl
1 EL Sojamehl, vollfett
700 ml Gemüsebrühe
Pfeffer, Salz
½ Blatt Nori-Alge nach Bedarf
Champignonaufstrich
2 Möhren
1 kleiner Brokkoli
200 g Räuchertofu oder Sojawürstchen
1 EL Soßenbinder
1 EL weißes Mandelmus

Das Buchweizenmehl mit dem Sojamehl und der Gemüse-brühe zu einem Teig verrühren. Die Norialge klein schneiden, kurz einweichen, abtropfen lassen und dem Pfannkuchenteig hinzufügen. Mit Pfeffer und Salz abschmecken und für ca. 10 Minuten quellen lassen. In der Zwischenzeit das Gemüse und den Tofu klein schneiden und in etwas Gemüsebrühe maximal 8 Minuten lang dünsten. Die überschüssige Kochflüssigkeit mit etwas Soßenbinder binden und mit etwas Mandelmus ver-feinern. In einer Pfanne etwas Sonnenblumenöl erhitzen und aus dem Teig kleine Pfannenkuchen backen. Den Pfannen-chen mit etwas Champignonpaste bestreichen, darauf etwa 2 EL Gemüsefüllung geben, einrollen und servieren.

Tipp: Die Nori-Alge ist eine dunkelviolette, getrocknete Algenart, die durch ihren hohen Jodgehalt eine wichtige Rolle in der vega-nen Ernährung spielt. Noriblätter können sowohl zum Garnie-ren als auch zum Einwickeln von Reisbällchen verwendet werden. Aufgrund ihres hohen Jodgehaltes genügt für Kinder eine Prise.

GEBACKENE KARTOFFELN MIT CURRY-SEIDENTOFU

Kartoffeln (Menge nach Bedarf)

400 g Seidentofu

100 ml Leinöl

Salz

1 TL Currypaste (mild)

1 TL Curcuma

1 TL Koriander

1 EL Kräuter

1 EL Kräuteressig

200 g Ananas (aus der Dose)

Die Kartoffeln waschen und in einem Römertopf ca. 1 Stunde bei 250 Grad im Backofen backen. In der Zwischenzeit den Seidentofu mit den übrigen Zutaten im Mixer pürieren und ½ Stunde ziehen lassen. Danach über die gebackenen Kartoffeln geben und mit Salat oder Gemüse servieren.

Tipp: Seidentofu zeichnet sich durch seine fast cremige Konsistenz aus und eignet sich daher sowohl für Desserts als auch für deftige Dips.

LINSEN-GEMÜSE-PFANNE

250 g rote, geschälte Linsen
ca. ¾ Liter Gemüsebrühe
1 Zwiebel
1 rote Paprikaschote
1 gelbe Paprikaschote
500 g Tomaten
1 mittelgroße Zucchini
6 EL Olivenöl
Pfeffer, Salz

Die Linsen waschen und ca. 15 Minuten lang in der Gemüsebrühe kochen. Das Olivenöl in einer Pfanne erhitzen und die klein geschnittene Zwiebel darin anbraten.

Die Paprikaschoten, die Tomaten und die Zucchini klein schneiden und ebenfalls in der Pfanne anbraten. Nach ca. 10 Minuten werden die gegarten Linsen unter das Gemüse gerührt und nochmals 5 Minuten auf kleiner Flamme mitgegart. Dazu kann warmes Fladenbrot oder Baguette serviert werden.

LINSENEINTOPF

200 g rote, geschälte Linsen
1 Liter Gemüsebrühe
4 Kartoffeln
½ Brokkoli
½ Blumenkohl
2 Möhren
Garam Masala Gewürz
Curcuma
1 Knoblauchzehe
Salz
Sojasoße

Die roten Linsen waschen und zusammen mit dem klein geschnittenen Gemüse ca. 15 Minuten in der Gemüsebrühe kochen. Kurz vor dem Ende der Kochzeit mit den angegebenen Gewürzen abschmecken und dazu ein Baguette reichen.

KICHERERBSENPLÄTZCHEN

8 EL Kichererbsenmehl
1 TL Backpulver
½ TL Salz, etwas Pfeffer
1 EL Kräuter
ca. 100 ml Gemüsebrühe
Gemüse nach Wahl (Aubergine, Karotten, Blumenkohl, Kartoffeln)
Öl zum Anbraten
Sonnenblumenkerne, Sesamsamen

Aus dem Kichererbsenmehl, Backpulver, Salz, Pfeffer, Kräutern und der Gemüsebrühe einen Teig herstellen. Das in Scheiben geschnittene Gemüse darin eintauchen, kurz in den Sesamsamen wälzen und von beiden Seiten anbraten. Dazu schmeckt Mango Chutney oder ein Avocado-Dipp.

SÜSSER MANDELPFANNENKUCHEN

250 g Dinkelmehl
125 g gemahlene, abgezogene Mandeln
100 g Rosinen
1 Prise Salz
1 TL Natron
600 ml Sojadrink
Sonnenblumenöl

Das Mehl mit den gemahlenen Mandeln, Rosinen, Salz, Natron und dem Sojadrink zu einem dünnflüssigen Teig verrühren. Nach Bedarf etwas mehr Sojadrink nehmen und den Teig ca. 10 Minuten lang quellen lassen. Anschließend das Öl in der Pfanne erhitzen und kleine Pfannenkuchen darin backen. Nach Bedarf mit Apfelmus oder Zucker und Zimt servieren.

Tipp: Wenn eine Unverträglichkeit von Weizen besteht, kann die Verwendung von Dinkel eine günstige Alternative darstellen, da Dinkel oftmals besser als Weizen vertragen wird.

GEMÜSESUPPE MIT VOLLKORNCROÛTONS

½ Blumenkohl

½ Brokkoli

4 Möhren

150 g Erbsen (gefroren oder frisch)

4 mittelgroße Kartoffeln

1 Liter Gemüsebrühe

Kräutersalz

1 EL Schnittlauch

3 EL vegane Sojacreme oder weißes Mandelmus

Croûtons

2 Scheiben Vollkorn-Toastbrot

3 EL Olivenöl

Kräutersalz

Das Gemüse waschen, klein schneiden und in der Gemüse-brühe ca. 10 Minuten lang garen. Das Gemüse sollte von der Brühe bedeckt sein. Am Ende der Garzeit wird die Gemü-sesuppe mit Kräutersalz, gehacktem Schnittlauch und der veganen Sojacreme abgeschmeckt.

Für die Vollkorncroûtons erhitzt man das Olivenöl in einer Pfanne. Dann schneidet man das Vollkorn-Toastbrot in kleine Würfel und röstet diese solange, bis sie kross sind. Alternativ einfach toasten. Nach Belieben mit etwas Kräut-ersalz würzen. Anschließend die Croûtons über die Gemü-sesuppe streuen.

DEFTIGES SHIITAKEGERICHT

200 g Vollkornreis
200 g Brokkoli
4 Mohrrüben
6 eingeweichte Shiitakepilze
200 g Seitan
800 ml Gemüsebrühe
¼ TL Garam Masala
50 g geröstete Sonnenblumenkerne
2 EL Soßenbinder
1 EL Mandelmus

Den Vollkornreis in der 2 ½-fachen Menge Salzwasser garen. In der Zwischenzeit das Gemüse waschen und zusammen mit dem Saitan klein schneiden. Die Sonnenblumenkerne kurz in einer beschichteten Pfanne rösten und beiseite stellen. Das Gemüse, die eingeweichten Shiitakepilze und das Seitan in der Gemüsebrühe ca. 10 Minuten garen. Den Soßenbinder mit etwas Wasser und dem Mandelmus glattrühren, damit die überschüssige Gemüsebrühe binden und mit Garam Masala würzen. Das Gemüse über den Reis geben und mit den gerösteten Sonnenblumenkernen bestreuen.

Tipp: Getrocknete Shiitakepilze eignen sich sehr gut als deftige Beilage zu vielen Gerichten. In der Makrobiotik spielen Shiitakepilze auch gesundheitlich eine große Rolle. Seitan ist ein Weizengluten, das sehr eiweißreich ist und aufgrund seiner Konsistenz einen idealen Fleischersatz in der Übergangsphase darstellen kann. Vorsicht ist geboten bei einer nachgewiesenen Unverträglichkeit von Weizen bzw. Empfindlichkeit gegenüber Gluten.

HAFERPFANNE

250 g Haferkörner
Öl zum Anbraten
1 Zwiebel
250 g Räuchertofu
Pfeffer, Salz, Sojasauce

Die Haferkörner über Nacht einweichen und ca. 1 Stunde köcheln lassen. Die Haferkörner auf einem Sieb abtropfen lassen. Öl in der Pfanne erhitzen, klein geschnittene Zwiebel kurz anbraten, den Tofu hinzufügen und kurz danach die Haferkörner hinzufügen. Mit Pfeffer, Salz und Sojasauce würzen und ca. 10 Minuten bei mittlerer Hitze durchziehen lassen. Dazu gedünstetes Gemüse oder einen Salat servieren.

Tipp: Hafer gilt als das ernährungsphysiologisch wertvollste Getreide, was vor allem auf den hohen Eiweißgehalt von fast zwölf Prozent zurückzuführen ist. Die Proteine im Hafer setzen sich überwiegend aus essentiellen Aminosäuren zusammen. Weiterhin enthält Hafer Kalium, Magnesium, Eisen, Calcium, Zink, Phosphor, Vitamine der B-Gruppe sowie Vitamin E.

TOFU IM BLÄTTERTEIG

4 große Lagen veganen Blätterteig (Fertigprodukt)
400 g Tofu oder Sojawürstchen
1 Zwiebel
50 ml Sonnenblumenöl
2 Zucchini
Pfeffer, Salz, Curry
1 EL Sojasauce
Sesamsamen zum Bestreuen
Kräutersalz

Das Sonnenblumenöl in der Pfanne erhitzen und die klein geschnittene Zwiebel darin anbräunen. Den Tofu zerkrümeln und hinzufügen. Mit Pfeffer, Salz, Curry und Sojasauce würzen und leicht anbräunen. Die Brathitze etwas verringern und die in Scheiben geschnittene Zucchini für einige Minuten mitbraten. Anschließend die Tofu-Zucchini-Mischung auf je eine Lage Blätterteig streichen und an den Rändern festdrücken. Die Blätterteigtaschen mit etwas Sonnenblumenöl bepinseln und mit Sesamsamen und Kräutersalz bestreuen. Bei 200 Grad auf der mittleren Schiene ca. 15 Minuten lang backen.

Tipp: Tofu ist ein eiweißreiches Sojabohnenprodukt, das auf vielfältige Weise zubereitet werden kann. Während Räuchertofu auch pur als Brotbelag genossen werden kann, muss der unbehandelte Tofu (natur) grundsätzlich mit Gewürzen geschmacklich optimiert werden. Gebraten und gewürzt kann er sowohl in Suppen, Gemüsegerichten oder auch als Dip eine sättigende und geschmackliche Bereicherung einer Mahlzeit sein.

Hirsotto mit Mandelsosse

150 g Hirse
2 Mohrrüben
1 kleinen Brokkoli
200 g grüne Erbsen
ca. 800 ml Gemüsebrühe

Mandelsoße:

4 EL Sonnenblumenöl
100 g gemahlene Mandeln oder 2 EL Mandelmus
1 EL Vollkornmehl
400 ml Gemüsebrühe
Kräuter (oder Röstzwiebeln)

Die Hirse waschen und mit dem kleingeschnittenen Gemüse und der Gemüsebrühe ca. 15 Minuten garen. Die Gemüsebrühe sollte das Gemüse großzügig bedecken. Für die Mandelsoße wird zuerst das Öl erhitzt. Anschließend werden die gemahlenen Mandeln mit dem Vollkornmehl (wie bei einer Mehlschwitze) mit einem kleinen Schneebesen hineingerührt und anschließend mit der Gemüsebrühe aufgegossen. Solange rühren, bis die Soße eine cremige Konsistenz erreicht hat. Nach Belieben mit Kräutern würzen und über das Hirsotto gießen.

GEMÜSE-RISOTTO

250 g Vollkornreis

Ca. 600 ml Gemüsebrühe

½ Brokkoli

2 Karotten

1 Tasse Erbsen

3 EL Sonnenblumenöl

1 Stück Räuchertofu

Den Reis in ca. 700 ml Salzwasser gar kochen. Das Gemüse waschen und klein schneiden und ca. 10 Minuten in etwas Gemüsebrühe dünsten. Den Tofu in kleine Würfel schneiden und in etwas Sonnenblumenöl anbraten. Reis mit Gemüse und gebratenemTofu servieren. Nach Geschmack mit veganem Pesto verfeinern.

Das Gemüse kann beliebig variiert und auf die Bedürfnisse und die Vorlieben des Kindes abgestimmt werden. All meine Rezepte dienen lediglich als Wegweiser, der nach Lust und Kreativität verändert und ergänzt werden kann.

ZUCCHINI-NUDELN

50 ml Sonnenblumenöl
1 Zwiebel
2 Zucchini
2 Sojawürstchen nach Wahl
500 g gekochte Vollkornnudeln
Soße

3 EL Mandelmus
150-200 ml Gemüsebrühe
1 TL Sojasoße
Pfeffer, Salz

Die Zwiebel zerkleinern und in der Pfanne mit Öl anbraten.
Zucchini und Sojawürstchen hinzufügen und 5-10 Minuten bei mittlerer Hitze garen. Anschließend die gekochten
Nudeln unterrühren. Das Mandelmus mit der Gemüsebrühe
und der Sojasoße vermengen, über die Nudeln geben und
noch einmal kurz aufkochen. Mit Pfeffer und Salz abschmecken und mit einem grünen Salat servieren.

*Tipp: Wem Nussmus in Kombination mit Nudeln geschmacklich
nicht zusagt, kann die Nudeln ganz einfach mit veganer Butter /
Sojacreme, Kräutersalz, frischen oder gefrorenen Kräutern, veganem Pesto usw. ergänzen.*

VEGANES PESTO

100 g getrocknete Tomaten
20 g Seidentofu
40 g Pistazien
1 Knoblauchzehe
Salz, Pfeffer
Basilikum
Olivenöl

Die Tomaten einige Stunden einweichen und mit den übrigen Zutaten in einem Mixer verarbeiten. Nur soviel Öl dazugeben, dass eine cremige Konsistenz besteht. Gewürze nach Geschmack dosieren.

VEGANER KÄSEERSATZ ZUM ÜBERBACKEN

4 EL Margarine
6 TL Mehl
300 ml Wasser
2 TL Senf, süß
½ TL Salz
8 EL Hefeflocken

Die Margarine im Topf schmelzen. Das Mehl mit einem Schneebesen hineinrühren und das Wasser unter ständigem Rühren hinzufügen. Den Topf vom Herd nehmen, Senf, Salz und Hefeflocken unterrühren und zum Überbacken von Gerichten oder Pizza verwenden.

REIS-SPINATBRATLINGE

250 g Vollkornreis

3 EL Kokosraspel

1 TL Rohrzucker

250 g Spinat

Sonnenblumenöl

1 TL Koriander

½ TL Curcuma

½ TL Salz

Reis waschen und drei Stunden lang einweichen. Das Einweichwasser abgießen und den Reis mit den Kokosraspeln, Rohrzucker, den Gewürzen und ca. eine Tasse Wasser in einem Mixer fein mahlen. Spinat waschen, fein schneiden und der Reismasse hinzufügen. Kleine Bratlinge formen und im heißen Öl von beiden Seiten braten.

Spaghetti mit Walnusssosse

250 g Vollkornspaghetti
Soße
100 g Walnüsse, geröstet
1 kleine Dose passierte Tomaten
1 Zwiebel
1 Selleriestange
1 Möhre
2 EL Sonnenblumenöl
2 EL Balsamico-Essig
Pfeffer, Salz
2 EL Schnittlauch

Die Spaghetti ca. 10 Minuten lang bissfest kochen. Die Walnüsse hacken und in einer Pfanne bei mittlerer Hitze kurz anrösten. Die Zwiebel, Selleriestange und Möhre klein schneiden und im Sonnenblumenöl bei schwacher Hitze einige Minuten lang braten. Den Essig und die Tomaten hinzufügen und kurz aufkochen lassen. Bei schwacher Hitze ca. 10 Minuten lang kochen lassen und mit Pfeffer und Salz abschmecken. Den frischen Schnittlauch klein schneiden und vor dem Servieren über die Soße streuen.

GEBRATENER BLUMENKOHL AUF KARTOFFELBREI

1 Blumenkohl
Kartoffeln (Menge nach Bedarf)
4 EL Sonnenblumenöl
Sojadrink
1 EL Margarine
Pfeffer, Salz, Kräuter

Die Kartoffeln schälen, halbieren und ca. 20 Minuten im Salzwasser garen. In der Zwischenzeit den Blumenkohl waschen und in kleine Scheiben schneiden. Das Sonnenblumenöl in der Pfanne erhitzen und den Blumenkohl darin leicht anbraten. Mit Pfeffer, Salz und Curry würzen und die Hitze nach 5 Minuten reduzieren. Weitere 10 Minuten bei mittlerer Hitze garen. Das Kochwasser der Kartoffeln abgießen und die Kartoffeln mit soviel Sojadrink zerstampfen, bis der Kartoffelbrei eine geschmeidige Konsistenz hat. Zur geschmacklichen Abrundung etwas Margarine unterrühren und nach Bedarf mit etwas Pfeffer, Salz und Kräutern nachwürzen.

Kartoffelbrei mit ‚Rührei-Tofu‘

Kartoffeln (Menge nach Bedarf)
400 g Tofu, natur
50 ml Sonnenblumenöl
1 Zwiebel
½ Salatgurke
2 Tomaten
Sojadrink
1 EL vegane Margarine
Pfeffer, Salz, Curry

Die Kartoffeln schälen, halbieren und ca. 20 Minuten im Salzwasser garen. Den Tofu mit einer Gabel zerkrümeln und beiseite stellen. Das Sonnenblumenöl in einer Pfanne erhitzen, die Zwiebel in Scheiben schneiden und darin einige Minuten anbraten. Den Tofu dazugeben, mit Pfeffer, Salz und Curry würzen und einige Minuten scharf anbraten, bis der Tofu leicht gebräunt ist. Der Tofu sollte einige Male in der Pfanne gewendet werden, damit er gleichmäßig bräunt. Das Kochwasser der Kartoffeln abschütten, die Kartoffeln im Topf zerstampfen und Margarine und Sojadrink hineinrühren, bis ein lockerer Kartoffelbrei entstanden ist. Nach Bedarf kann der Kartoffelbrei auch mit Kräutern, Gomasio (Sesamsalz) oder Röstzwiebeln gewürzt werden. Einige Scheiben Tomaten und Gurken, einen grünen Salat oder Gemüse nach Belieben dazu reichen.

VEGANES RÜBENMUS

1 Steckrübe
5 mittelgroße Kartoffeln
4 große Möhren
1 Liter Gemüsebrühe
200 g Räuchertofu
1 EL Margarine
Pfeffer, Salz

Die Steckrübe und die Kartoffeln schälen, klein schneiden und in ca. 1 Liter Gemüsebrühe garen. Die Möhren ebenfalls schälen und klein schneiden und nach ca. 20 Minuten hinzufügen. Dann wird der Räuchertofu klein geschnitten und zusammen mit dem Gemüse weitere 15 Minuten gekocht. Am Ende der Garzeit wird das Gemüse noch einmal mit etwas Pfeffer, Salz und 1 EL Margarine abgeschmeckt und zerstampft.

WÜRZIGER BLATTSPINAT MIT BACKKARTOFFELN

1 Zwiebel
4 EL Sonnenblumenöl
500 g frischen Blattspinat
1 Knoblauchzehe
Pfeffer, Salz,
2-3 EL Sojasahne
200 g Räuchertofu
Kartoffeln (Menge je nach Bedarf)

Aufgrund der langen Backzeit werden die Kartoffeln zuerst gewaschen und dann in einem Römertopf bei 250 Grad auf der mittleren Schiene ca. 1,5 Stunden gebacken.

Nach einer Stunde kann damit begonnen werden, den Blattspinat zu waschen und die Stiele zu entfernen. Anschließend wird das Öl in einem Topf erhitzt und die klein geschnittene Zwiebel darin angebraten. Dann wird der Blattspinat einige Minuten lang auf mittlerer Flamme gedünstet, bis er zusammenfällt. Der in Würfel geschnittene Räuchertofu wird dazugegeben und mit etwas Pfeffer, Salz, einer Knoblauchzehe (wenn geschmacklich gewünscht) und etwas Sojasahne abgeschmeckt. Manchmal mögen Kinder die Konsistenz des Blattspinates nicht – in diesem Fall sollte der Spinat püriert zu den gebackenen Kartoffeln gegeben werden.

BRATKARTOFFELN MIT ERDNUSSSOSSE

1 kleine Zwiebel

400 g Tofu, natur

4 EL Sonnenblumenöl

Pellkartoffeln (Menge nach Bedarf)

2 EL Erdnussbutter crunchy oder Mandelmus (je nach Geschmack)

300 ml Gemüsebrühe

Pfeffer, Salz, Curry

Die Pellkartoffeln garen, abpellen und in Scheiben schneiden. Den Tofu und die Zwiebel ebenfalls klein schneiden. Das Sonnenblumenöl in der Pfanne erhitzen und die Zwiebel darin anbraten. Den Tofu hinzufügen und mit Pfeffer, Salz und Curry würzen. Während der Tofu kross gebraten wird, ist es wichtig, ihn einige Male zu wenden. Anschließend die Kartoffeln hinzufügen und ebenfalls umrühren, damit sich die Gewürze mit allen Zutaten gut verbinden. Mit einem Schneebesen wird dann die Erdnussbutter mit der Gemüsebrühe glatt gerührt und über die Bratkartoffeln gegossen. Noch einmal umrühren und weitere 5 Minuten bei reduzierter Hitze garen. Nach Geschmack mit Hefeflocken bestreuen und servieren. Wem der Geschmack von Erdnussbutter zu intensiv ist, kann auf weißes Mandelmus ausweichen.

Gemüseauflauf

250 g Möhren

250 g Brokkoli

250 g Kartoffeln

250 g Auberginen

200 g Tomaten

3 EL Sonnenblumenöl

20 g Margarine

20 g Vollkornmehl

300 ml ungesüßter Sojadrink

300 ml Gemüsebrühe

50 g Hefeflocken

Salz, Pfeffer

Die Möhren, Brokkoli, Kartoffeln und Auberginen einige Minuten bissfest kochen und zusammen mit den Tomaten in Scheiben schneiden. Eine Auflaufform mit dem Sonnenblumenöl ausfetten und das Gemüse darin schichtweise anordnen. Die Margarine in einem Topf schmelzen, das Mehl mit einem Schneebesen einrühren und mit dem Sojadrink und der Gemüsebrühe ablöschen. Kurz aufkochen lassen, die Hefeflocken unterrühren und mit Pfeffer und Salz abschmecken. Die Sauce über das Gemüse geben und im vorgeheizten Ofen bei 200 Grad 20 Minuten lang backen.

GEBACKENER ERDNUSSTOFU

300 g Tofu, natur
100 g Erdnussbutter
Sojasoße, Curry
½ Zwiebel

Den Tofu mit einer Gabel zerdrücken und mit der Erdnuss-butter vermengen. Die Zwiebel klein hacken und dazugeben. Die Tofumasse mit etwas Sojasoße und Curry abschmecken und auf ein Backblech streichen. Auf der mittleren Schiene bei 200 Grad ca. 15 Minuten lang bräunen. Schmeckt köst-lich auf Brot oder auch als Beilage zu anderen Gerichten.

Tipp: Wer den Geschmack von Erdnussbutter nicht mag oder verträgt, kann auch hier auf das milde, weiße Mandelmus zurückgreifen oder geschmacksneutrale Sojasahne verwenden und entsprechend würzen.

KNUSPRIGE POLENTASCHNITTEN

1 Liter Gemüsebrühe
275 g Maisgries
1 TL Majoran
1 TL Basilikum
½ TL Paprika
Salz, Pfeffer nach Geschmack
Sonnenblumenöl

Die Gemüsebrühe zum Kochen bringen, den Maisgries einstreuen und unter Rühren aufkochen lassen. Den Topf von der Herdplatte nehmen und den Maisgries bei geöffnetem Deckel 10 Minuten lang quellen lassen. Anschließend die Gewürze unterheben und die Masse auf ein mit Backpapier ausgelegtes Backblech streichen. Nach dem Abkühlen in Rauten schneiden. Öl in einer Pfanne erhitzen und die Polentarauten von beiden Seiten darin anbraten. Dazu Brokkoli mit Tomatensoße oder einen Salat mit Dip reichen.

Tipp: Bei einer Unverträglichkeit von Getreide bietet der Mais eine gute Ausweichmöglichkeit. In Kombination mit Hülsenfrüchten kann die Eiweiß- und Mineralstoffwertigkeit zusätzlich erhöht werden.

SALATE

Fruchtiger Karottensalat

4 mittelgroße Karotten
2 mittelgroße Äpfel
100 ml naturtrüber Apfelsaft
2 EL kaltgepresstes Rapsöl
1 Handvoll Rosinen
1 Handvoll Walnüsse

Die Karotten und die Äpfel reiben. Das Rapsöl und den Apfelsaft darübergießen und verrühren. Zuletzt die Rosinen mit den Walnüssen dazugeben und alles gut miteinander vermengen. Durch die Süße der Äpfel ist dieser Salat bei Kindern sehr beliebt.

Tipp: Karotten sind ein beliebtes Kindergemüse. Sie können roh verzehrt, als Suppenbeilagen oder als eigenes Gemüse verwendet werden. Es kann Saft daraus gepresst und auch diversen Kuchen und Konfitüren zugefügt werden. Sie eignen sich zudem als Tiefkühlgemüse und müssen nur vorher blanchiert werden.

ROHKOSTSALAT

1 Apfel
1 Sellerie (klein)
2 Karotten
1 Stange Lauch
Saft einer Zitrone
4 EL Sonnenblumenöl (kaltgepresst)
1 TL Ahornsirup
¼ TL Salz

Apfel, Sellerie und Karotten klein raspeln, Lauch in feine Ringe schneiden und mit den übrigen Zutaten vermengen.

PIKANTE SESAMSTANGEN

1/8 Liter Sojadrink
250 g Vollkornmehl
½ Paket Trockenhefe
100 g vegane Margarine
½ TL Salz
Sesamsamen zum Bestreuen

Den Sojadrink leicht erwärmen und mit dem Mehl und der Hefe zu einem Teig verarbeiten. Die Margarine und das Salz hinzufügen und alles gut durchkneten. Aus dem Teig kleine Stangen rollen und in Sesam wälzen. Bei 200 Grad 10-15 Minuten backen. Dazu schmeckt ein Salat und ein selbst gemachter Dip.

FRUCHTIGER KRAUTSALAT

½ Weißkohl
½ Sellerie
1 Apfel
1 Orange
1 TL Senf
3 EL Zitronensaft
6 EL Walnussöl
1-2 EL Agavendicksaft
Salz, Pfeffer
1 Handvoll Walnüsse, geröstet

Den Weißkohl und den Sellerie fein raspeln. Apfel und Orange klein schneiden und dazugeben. Aus dem Senf, Zitronensaft, Walnussöl und dem Agavendicksaft ein Dressing herstellen und mit Pfeffer und Salz abschmecken. Das Dressing unter den Salat heben und ca. 30 Minuten lang ziehen lassen. Anschließend mit den gerösteten Walnüssen garnieren.

TOMATENSALAT

6 Tomaten
½ Gurke
½ Zwiebel

Dressing
3 EL Leinöl
2 EL Balsamicoessig
1 TL Senf
2 EL Wasser
Pfeffer, Salz, Kräuter
Etwas Agavendicksaft nach Bedarf

Tomaten achteln, Zwiebeln und Gurken klein schneiden und mit dem Dressing vermengen. Kurz durchziehen lassen und servieren.

Tipp: Tomaten sind sehr gesund und kalorienarm. Neben dem Lycopin haben sie einen hohen Anteil an Vitamin C, Mineralstoffen und wichtigen Spurenelementen. Am besten schmecken am Strauch ausgereifte Tomaten. Sie sind jedoch kälteempfindlich und gehören deshalb nicht in den Kühlschrank, auch nicht ins Gemüsefach. Man sollte sie bei Zimmertemperatur am besten an einem dunklen Platz aufbewahren – so entfalten sie ihr volles Aroma.

KARTOFFELSALAT

800 g festkochende Kartoffeln
1 Schalotte
1/8 Liter Gemüsebrühe
2 EL Balsamico Essig
400 g Möhren
200 g grüne Bohnen
1 Zwiebel
3 Zweige frische Petersilie

Dressing

3 EL milder Essig
5 EL Sonnenblumenöl
Pfeffer (weiß), Salz
1 EL Agavendicksaft
1 TL Senf

Die Kartoffeln sauber bürsten und ca. 20 Minuten lang gar kochen. Anschließend pellen und die Kartoffeln in gleichmäßige Scheiben schneiden. Die Schalotte fein würfeln, mit der Gemüsebrühe und dem Essig kurz aufkochen und über die Kartoffeln gießen. Eine halbe Stunde lang ziehen lassen. In der Zwischenzeit die Möhren und die Bohnen waschen. Die Möhren gegebenenfalls schälen und bei den Bohnen jeweils die Enden abschneiden. In etwas Salzwasser ca. 10 Minuten lang garen und in einem Sieb abtropfen lassen. Die Zwiebel klein schneiden und die Petersilie waschen und klein hacken. Die Zutaten für das Dressing verrühren und mit den Bohnen, Möhren, Zwiebeln und der Petersilie vermengen. Zum Schluss die Kartoffelscheiben unterheben und 1 Stunde lang ziehen lassen. Dazu schmecken Sojawürstchen/Bratlinge und ein Baguette.

Reissalat

200 g Vollkornreis

500 ml Gemüsebrühe

½ Salatgurke

2 Mohrrüben

½ Stange Lauch

½ Dose Mais

½ Bund Radieschen

4 Sojawürstchen

1 kleine Zwiebel

Kräuter

Dressing

1 TL Senf, mittelscharf

3 EL Balsamico Essig

6 EL Sonnenblumenöl (o. a.)

Salz, Pfeffer,

1 TL Agavensirup

Den Reis in der Gemüsebrühe gar kochen. Das Gemüse und die Sojawürstchen klein schneiden und unter den abge-kühlten Reis heben. Die Zutaten für das Dressing vermen-gen und unter den Salat mischen. Eine Stunde ziehen lassen und anschließend mit Kräutern garnieren.

EXOTISCHER NUDELSALAT

500 g Vollkornnudeln

1 TL Currypulver

1 TL Curcuma

Salzwasser

½ Ananas

200 g Walnusskerne, geröstet

250 g Räuchertofu, gebraten

3 EL Walnussöl

Saft von einer Zitrone

Kräutersalz, Pfeffer, Kräuter nach Bedarf

Die Vollkornnudeln mit dem Curry- und Curcumapulver in Salzwasser gar kochen. Die Ananas in kleine Stücke schneiden, die Walnüsse grob hacken und kurz in der trockenen Pfanne anrösten. Den Räuchertofu klein schneiden, in etwas Öl anbraten und unter die abgekühlten Nudeln mischen. Aus dem Walnussöl, dem Saft einer Zitrone und den Gewürzen eine Soße bereiten und mit dem Salat vermengen.

DILL-KARTOFFELSALAT

800 g fest kochende Kartoffeln

1/8 Liter Gemüsebrühe

1 Dose Maiskörner

1 Apfel

1 Zwiebel

½ Salatgurke oder Gewürzgurke

1 Bund Dill

Dressing

4 EL Sonnenblumenöl

2-3 EL Kräuteressig

Salz, Pfeffer

1 EL Agavendicksaft

Die Kartoffeln ca. 20 Minuten lang gar kochen. Anschließend pellen und in gleichmäßige Scheiben schneiden. Die Gemüsebrühe aufkochen, über die Kartoffeln gießen und ca. 15 Minuten lang ziehen lassen. Den Mais zum Abtropfen auf ein Sieb geben. Den Apfel, die Zwiebel und die Salatgurke schälen und in kleine Würfel schneiden. Den Dill waschen und fein schneiden. Die Zutaten für das Dressing verrühren und über die übrigen Zutaten gießen und vorsichtig vermengen. Circa 1 Stunde lang ziehen lassen.

SÜSSE SACHEN

ERDNUSSBUTTERKUGELN

200 g Erdnussbutter
100 g feine Haferflocken
ca. 50 ml Ahornsirup

Zutaten vermengen, kleine Kugeln formen und für 2-3
Wochen im Kühlschrank aufbewahren.

*Tipp: Erdnussbutterkugeln sind eine sehr beliebte Leckerei bei
Jung und Alt und ein guter, vollwertiger Ersatz für Süßigkeiten.*

KOKOSKONFEKT

200 g gemahlene Mandeln (abgezogen)
4 EL gemahlene Haferkörner
50 ml Ahornsirup
2 EL Carobpulver
Etwas Vanillepulver
Kokosflocken

Alle Zutaten bis auf die Kokosflocken vermengen und zu
kleinen Kugeln formen. Anschließend in Kokosraspeln wälzen und kühl stellen.

NUSSKUGELN

3 EL Mandelmus
50 g Sultaninen
50 g Mandeln oder Haselnüsse
2 EL Kokosflocken
1 Zitrone, unbehandelt
Kakaopulver ohne Zucker

Die Rosinen mit den Nüssen in einem Mixer zerkleinern und mit dem Mandelmus und den Kokosflocken vermengen. Die Zitronenschale nach dem Abwaschen fein reiben und dazugeben. Aus der Masse kleine Kugeln formen und in etwas Kakao wälzen.

GEBRANNTE SONNENBLUMENKERNE

2 Tassen Sonnenblumenkerne
2-3 EL Rohrzucker
etwas Vanille- und Zimtpulver

Die Sonnenblumenkerne in einer Pfanne bei mittlerer Hitze kurz anrösten und dabei immer wieder wenden. Den Rohrzucker mit etwas Zimt und Vanillepulver über die Nüsse streuen und so lange langsam rühren, bis der Zucker karamellisiert ist. Abkühlen lassen und in einem verschlossenen Glas aufbewahren. Eine willkommene Knabberei für Kinder.

SCHOKOLADENKUGELN

200 g Mandeln
3 EL Ahornsirup
2 EL Kakaopulver, gesüßt
Zimt

Die Mandeln mit heißem Wasser überbrühen und einige
Minuten darin ziehen lassen. Anschließend die Haut von
den Mandeln abziehen und die Mandeln fein mahlen. Die
gemahlenen Mandeln mit Ahornsirup vermengen und zu
kleinen Kugeln formen. Das Kakaopulver mit etwas Zimtpulver vermengen und die Mandelbällchen darin wälzen.
Im Kühlschrank aufbewahren.

MANDELZWERGE

175 g gemahlene Mandeln
150 g Dinkelmehl
100 ml Ahornsirup
80 g vegane Margarine
2 Eiersatz (2 EL vollfettes Sojamehl + 4 EL Wasser)
1 TL Zimt

Die Margarine leicht erwärmen und mit dem Eiersatz und
Ahornsirup schaumig rühren. Mandeln, Dinkelmehl und
Zimt unterrühren und aus der Teigmasse kleine Häufchen auf
das Backblech setzen. Bei 190 Grad ca. 10 Minuten backen.

MÜSLIRIEGEL

80 g getrocknete Aprikosen

80 g getrocknete Mango (oder anderes Trockenobst)

250 g geschälte und gehackte Mandeln

100 g Haferflocken

50 g Weizenkeime

25 g Speisestärke

70 g ungeschälten Sesam

100 g vegane Margarine

200 ml Ahornsirup

200 ml Kokosnussmilch

100 g Mandelblättchen

Die getrockneten Früchte fein würfeln und mit den gehackten Mandeln, Haferflocken, Weizenkeimen, Speisestärke
und Sesam mischen. Die Margarine in einem Topf schmelzen und den Ahornsirup mit der Kokosnussmilch darin verrühren. Die übrigen Zutaten hinzufügen und alles zu einem
Teig verarbeiten. Die Masse auf ein mit Backpapier ausgelegtes Blech streichen und zum Schluss die Mandelblättchen
darüber verteilen. Bei 200 Grad auf der untersten Schiene
für ca. 25 Minuten backen und anschließend in kleine Rie-
gel schneiden.

SÜSSE MAISKEKSE

½ Tasse Sonnenblumenöl

1 Tasse Agavendicksaft

2 Tassen Maismehl

½ Tasse Sojamehl, vollfett

2 Tassen Haferflocken

½ Tasse Sojadrink

1 Prise Salz

Vanillepulver

Die Zutaten der Reihe nach vermengen, bis der Teig die Konsistenz eines Mürbeteigs hat. Anschließend kleine Kekse formen und auf ein mit Backpapier ausgelegtes Backblech legen. Im vorgeheizten Ofen bei 200 Grad etwa 10 Minuten backen.

ZITRONENKEKSE

200 g Vollkornmehl

80 ml Agavendicksaft

100 g vegane Margarine

1 Eiersatz (2 EL vollfettes Sojamehl + 4 EL Wasser)

1 Prise Salz

1 Zitrone (unbehandelt)

Die Margarine schaumig rühren und den Agavendicksaft, Salz, den Saft der Zitrone und den Eiersatz dazugeben. Die Zitronenschale reiben, das Vollkornmehl dazugeben und alle Zutaten zu einem Teig verkneten. Aus dem Teig kleine Plätzchen formen und auf ein mit Backpapier ausgelegtes Backblech legen. Bei 190 Grad ca. 10 Minuten backen.

SCHNEEBÄLLE

100 g Dinkelmehl
250 g Speisestärke
100 g Puderzucker
250 g Margarine
Vanille

Alle Zutaten zu einem Plätzchenteig verarbeiten und 30 Minuten lang kaltstellen. Aus dem Teig kleine Bällchen formen und im Backofen bei 175 Grad ca. 10-15 Minuten lang backen.

Tipp: *Vanille – entweder aus gemahlenen Vanilleschoten oder als Vanillepulver – sollten in keinem Keks- oder Kuchenrezept fehlen. Gewürze wie Vanille oder Zimt vollenden jede Süßigkeit zu einem Hochgenuss.*

ENERGIEBÄLLCHEN

50 g Haferflocken
50 g Kokosraspel
150 g Vollkornmehl
5 EL Ahornsirup
50 g gehackte Mandeln
50 g gemahlene Cashewnusskerne
50 g Margarine
1 TL Backpulver
Sojadrink (nach Bedarf)

Die Haferflocken mit den Kokosraspeln, Vollkornmehl, gehackten Mandeln und dem Backpulver vermengen. Den Ahornsirup und die Margarine dazugeben und die Masse gut verkneten. Falls der Teig zu fest ist, etwas Sojadrink dazugeben. Aus dem Teig kleine Bällchen formen und in den gemahlenen Cashewnüssen wälzen. Die Kugeln auf ein mit Backpapier ausgelegtes Backblech legen und bei 175 Grad ca. 15 Minuten backen.

Tipp: Bei der Verwendung von Backpulver sollte stets auf Weinsteinbackpulver ohne Phosphat zurückgegriffen werden, da sich dieses Backpulver nicht geschmacklich auf das Gebäck auswirkt. Alternativ kann auch die gleiche Menge Natronpulver genommen werden.

MARZIPANKEKSE

Teig

225 g Vollkornmehl

75 g Speisestärke

100 g Vollrohrzucker

175 g vegane Margarine

Belag

100 g Marzipanrohmasse

6 EL Sojadrink

Die Zutaten für den Teig miteinander verkneten und 1 Stunde lang kaltstellen. Anschließend den Teig gut ausrollen und Plätzchen daraus stechen. Die Plätzchen auf ein mit Backpapier ausgelegtes Backblech setzen und auf der mittleren Schiene ca. 10 Minuten lang bei 200 Grad backen. Die Marzinpanrohmasse mit dem Sojadrink erhitzen und umrühren, bis eine streichfähige Masse entstanden ist. Den Marzipanguss auf die abgekühlten Plätzchen streichen und im Kühlschrank festwerden lassen.

SCHOKOLADENKEKSE

500 g Dinkelmehl

1 Paket Backpulver

150 g Rohrzucker

1 TL Vanillezucker

300 g vegane Margarine

1 Eiersatz

40 g Kakaopulver gesüßt

100 g gehackte Mandeln

Das Mehl mit dem Backpulver, Zucker, Vanillezucker, Margarine und dem Eiersatz zu einem Teig verarbeiten. Ein Drittel des Teiges zur Seite stellen und den restlichen Teig mit dem Kakaopulver und den gehackten Mandeln zu einem Teig verkneten. Den Kakaoteig in vier Rechtecke ausrollen. Den hellen Teig ebenfalls ausrollen und in vier Rechtecke schneiden. Diese hellen Teigrechtecke auf die Kakaorechtecke legen, zu einer Rolle formen und über Nacht im Kühlschrank ruhen lassen. Die Rollen in ca. 1 cm große Scheiben schneiden, auf ein mit Backpapier ausgelegtes Backblech legen und bei 200 Grad ca. 12 Minuten backen.

NUSSECKEN

Teig

300 g Vollkornmehl

1 TL Backpulver

130 g Rohrzucker

Vanille

Eiersatz

130 g vegane Margarine (o. a.)

Belag

6 EL Aprikosenmarmelade

250 g vegane Margarine

100 g Zucker

200 g gehackte Haselnüsse

200 g gehackte Mandeln

150 g Kuvertüre oder vegane Schokolade

Die Zutaten für den Teig verkneten und auf einem Backblech ausrollen. Den ausgerollten Teig mit Aprikosenmarmelade bestreichen. Die vegane Margarine mit dem Zucker kurz erhitzen, Mandeln und Haselnüsse unterheben. Die Masse auf dem Teig verteilen und bei 180 Grad ca. 30 Minuten backen. Nach dem Abkühlen in Dreiecke schneiden und in geschmolzene Schokolade (im Wasserbad) tunken.

KNUSPERAPFEL

4 Äpfel oder Obst nach Wahl
1 Zitrone, unbehandelt
50 g Rosinen
50 ml Ahornsirup
200 g Haferflocken
4 EL Vollkornmehl
50 ml Sonnenblumenöl
Zimt

Die Äpfel waschen und klein schneiden. Die Zitrone auspressen und den Saft über die Äpfel gießen. Rosinen, Zimt und 2 EL Ahornsirup hinzugeben und verrühren. Eine Auflaufform einfetten und die Apfelmischung hineinfüllen. Haferflocken, Vollkornmehl, Sonnenblumenöl und 4 EL Ahornsirup verkneten und über die Äpfel streuen. Bei 180 Grad 30 Minuten lang backen.

SCHOKOFLAKES

2 Tafeln Zartbitterschokolade, 60 % Kakaoanteil
ca. 150 g ungesüßte Cornflakes
50 g Reiscrispies, ungesüßt

Schokolade klein scheiden und im heißen Wasserbad
schmelzen. Hierfür wird das Wasser in einem Topf zum
Kochen gebracht, eine Schale aus hitzebeständigem Glas
daraufgestellt (das Wasser darf nicht in die Schokolade sprit-
zen) und die Schokolade in der Schale geschmolzen. Dabei
ständig umrühren. Anschließend die geschmolzene Schokolade mit den Cornflakes und den Reiscrispies vermengen
und auf dem Backblech erkalten lassen.

INDISCHE SCHOKOLADE

200 g vegane Margarine
300 g Kichererbsenmehl
3 EL Cashewnüsse
1 EL Carob
Zimt, Vanille
175 g Ahornsirup

Margarine in einem Topf schmelzen, das Kichererbsenmehl hineingeben und bei mittlerer Hitze unter ständigem Rühren rösten. Nüsse hacken und hinzufügen. Kurz weiterrühren und die Gewürze hinzufügen. Den Topf vom Herd nehmen und abkühlen lassen und dann den Ahornsirup unterrühren. Die Masse auf ein (mit Backpapier ausgelegtes Blech) streichen und erkalten lassen.

SOMMERKUCHEN

Teig

150 g Dinkelmehl

150 g Hafermehl

125 ml Sonnenblumenöl

125 g Rohrzucker

2 Eiersatz (2 EL vollfettes Sojamehl + 4 EL Wasser)

2 TL Weinsteinbackpulver

1 Prise Salz

1 TL Zitronenschale

150 ml Sojadrink

Belag

200 g Erdbeeren oder Obst nach Wahl

2 Pfirsiche

1 Banane

100 g Mandelblätter

Die Zutaten für den Teig miteinander verrühren, bis ein geschmeidiger Teig entsteht. Eine Springform mit Backpapier auslegen und etwa ¾ des Teiges darauf streichen. Die Banane und die Pfirsiche in Scheiben schneiden und zusammen mit den Erdbeeren auf dem Teig verteilen. Den restlichen Teig zupfenartig auf dem Obst verteilen und abschließend mit Mandelblättern bestreuen. Im Backofen bei 200 Grad ca. 40 Minuten backen. Nach dem Abkühlen kann der Kuchen nach Belieben mit etwas Soja-Vanilledessert oder Sojasahne serviert werden.

Erdbeertörtchen

Teig

250 g Dinkelmehl

125 g vegane Margarine

80 g Rohrzucker

1 Eiersatz

½ Paket Backpulver

1 Paket Vanillezucker

1 Paket veganer Tortenguss

Belag

300 g frische Erdbeeren

Das Dinkelmehl mit der Margarine (Zimmertemperatur) und dem Rohrzucker vermengen. Den Eiersatz, das Backpulver und den Vanillezucker dazugeben und zu einem geschmeidigen Teig verarbeiten. Den Mürbeteig in kleine Förmchen für Tortenböden streichen und bei 200 Grad ca. 15 Minuten lang backen. Die fertigen Tortenböden abkühlen lassen, mit frischen Erdbeeren belegen und mit Tortenguss übergießen. Nach Geschmack und Bedarf kann der Tortenboden noch mit einer dünnen Schicht Soja-Vanillepudding bestrichen werden, bevor er mit den Erdbeeren belegt wird.

Rosinen-Nusskuchen

200 g Margarine

150 g Agavendicksaft

3 Eiersatz

250 ml Sojadrink

300 g Weizenvollkornmehl

200 g gemahlene Mandeln

100 g Rosinen

1 unbehandelte Zitrone

2 TL Weinsteinbackpulver

Die Margarine mit dem Agavendicksaft verrühren. Für den Eiersatz 3 EL vollfettes Sojamehl mit 6 EL Wasser glatt rühren und dazugeben. Das Mehl, Backpulver und die gemahlenen Mandeln vermengen und mit dem Sojadrink zu einem geschmeidigen Teig rühren. Die Konsistenz des Teiges sollte dickflüssig sein. Zum Schluss die Rosinen und die geriebene Zitronenschale unterheben und in eine mit Backpapier ausgelegte Kasten- oder Kranzform füllen. Auf der untersten Schiene ca. 1 Stunde lang bei 180 Grad backen. Nach Bedarf mit einer Kakaoglasur (geschmolzene Zartbitterschokolade) überziehen.

BECHERKUCHEN

Teig

1 Becher Sojasahne

1 Becher Hirse (fein gemahlen)

1 Becher Dinkel-Vollkornmehl

1 Becher Rohrzucker

1 TL Weinsteinbackpulver

2 Eiersatz

ca. 200 ml Sojadrink

1 TL Vanillezucker

Belag

300 g gehackte Mandeln

125 ml Sonnenblumenöl

1 Becher Vollrohrzucker

6 EL Sojadrink

Den Backofen auf 200 Grad vorheizen. Zutaten für den Teig vermengen, auf ein (mit Backpapier ausgelegtes) Backblech streichen und 10 Minuten backen. Währenddessen die Zutaten für den Belag verrühren, auf den vorgebackenen Teig streichen und weitere 10 Minuten backen.

KOKOSKUCHEN

Teig

1 ½ Becher Rohrzucker

2 Eiersatz

1 Becher Sojadrink

1 Becher Kokosnusscreme

4 Becher Dinkelmehl

1 TL Backpulver

Belag

2 Becher Kokosraspel

1 Becher Mandeln, gemahlen

1 TL Vanillezucker

1 Becher Rohrzucker

½ Becher Vanillesojadrink

Für den Teig wird der Rohrzucker mit dem Eiersatz verrührt. Den Sojadrink und die Kokoscreme dazugeben und abschließend das Dinkelmehl mit dem Backpulver unterrühren. Ein Backblech mit Backpapier auslegen und den Teig darauf ausrollen. Für den Belag werden die Kokosraspel mit den gemahlenen Mandeln, dem Vanillezucker und dem Rohrzucker vermischt. Zum Schluss etwas Sojadrink hinzufügen und gut alles gut verrühren. Dann wird die Kokosmasse auf den Teigboden gestrichen und bei 180 Grad ca. 25 Minuten lang gebacken.

SCHOKOLADEN-NUSSKUCHEN

100 g vegane Margarine

80 g Rohrzucker

2 Eiersatz (2 EL vollfettes Sojamehl + 4 Teile Wasser)

3 EL Kakaopulver

125 g Vollkornmehl

50 g gehackte und geröstete Haselnüsse

1 TL Backpulver

etwas Vanillegewürz

Die Margarine mit dem Rohrzucker, der Vanille und dem Eiersatz schaumig rühren. Das Kakaopulver sieben und mit dem Mehl und Backpulver unterheben. Zuletzt die gehackten, gerösteten Haselnüsse hinzufügen und den Teig in eine mit Backpapier ausgelegte Springform füllen. Bei 175 Grad ca. 20-25 Minuten lang backen.

SCHOKO-KIRSCHKUCHEN

Teig

200 g vegane Margarine

150 g Rohrzucker

2 Eiersatz

250 g Vollkornmehl

50 g Speisestärke

2 TL Backpulver

100 g vegane Schokolade (Zartbitter)

1 Glas Sauerkirschen

Belag

100 g vegane Margarine

100 g Rohrzucker

150 g Kokosraspel

50 ml Vanillesojadrink

Vanille

Die Margarine mit dem Eiersatz schaumig rühren. Rohrzucker, Mehl, Speisestärke und Backpulver dazugeben und alle Zutaten gut miteinander verkneten. Die Schokolade grob raspeln und unter den Teig rühren. Den Teig auf ein mit Backpapier ausgelegtes Backblech streichen und die abgetropften Sauerkirschen darauf verteilen. Für den Kokosüberzug wird die Margarine mit dem Rohrzucker und den Kokosraspeln gut verrührt und mit etwas Sojadrink glatt gerührt. Mit etwas Vanille abschmecken und über die Sauerkirschen ‚streuseln'. Bei 200 Grad wird der Kuchen 30 Minuten lang auf der mittleren Schiene gebacken.

FRUCHTIGER DATTELKUCHEN

150 g Dinkelmehl

100 g Sojamargarine

200 g gemahlene Mandeln

250 g getrocknete Datteln (eingeweicht und püriert)

50 g Rohrzucker

2 reife, zerdrückte Bananen

2 Eiersatz

Vanille

Die Sojamargarine wird mit dem Eiersatz schaumig gerührt. Dann werden der Reihe nach die übrigen Zutaten zu einem Teig gerührt und in eine mit Backpapier ausgelegte Kastenform gefüllt. Bei 200 Grad wird der Kuchen für etwa 35-40 Minuten gebacken.

Tipp: In Bioläden oder Reformhäusern wird bereits fertiger Eiersatz in Form von Pulver angeboten. Vollfettes Sojamehl erfüllt jedoch den gleichen Zweck. Dabei wird pro Ei jeweils ein Teil Sojamehl mit zwei Teilen Wasser verrührt und entsprechend ersetzt.

HASELNUSSKRANZ

Mürbeteig

125 g vegane Margarine
100 g Rohrzucker
1 Eiersatz
2 EL Sojadrink, gesüßt
250 g Vollkornmehl
50 g Speisestärke

Füllung

200 g geriebene Haselnüsse
6 Tropfen Bittermandelöl
100 g Rohrzucker
6 EL Wasser

Die Zutaten für den Mürbeteig miteinander vermengen und zu einem Rechteck ausrollen. Für die Füllung werden die gemahlenen Haselnüsse mit dem Rohrzucker, dem Bittermandelöl und dem Wasser verrührt und auf das Mürbeteig-Rechteck gestrichen. Dann wird das Rechteck an den längeren Seiten aufgerollt, zu einem Halbkranz geformt und auf ein mit Backpapier ausgelegtes Backblech gelegt. Bei 200 Grad auf der mittleren Schiene ca. 40 Minuten lang backen. Der Kranz kann nach dem Abkühlen und je nach Geschmack auch mit einer Zartbitterkuvertüre bestrichen werden und mit einigen gehackten und gerösteten Haselnüssen verziert werden.

Tipp: Bei dem Kauf von veganer Margarine sollte stets darauf geachtet werden, dass die Margarine aus pflanzlichen Ölen und ungehärteten Fetten, möglichst aus kbA, besteht. Eine Anreicherung mit den Vitaminen A, D und E und einem hohen Anteil mehrfach ungesättigter Fette ist empfehlenswert.

HASELNUSS-MOHNKUCHEN

200 g gemahlene Haselnüsse

250 g gemahlener Mohn

3 Eiersatz

200 g Weizenmehl

150 ml Ahornsirup

150 ml Sojadrink

200 g vegane Margarine

1 Paket Backpulver

Vanille

Die Margarine mit dem Ahornsirup, dem Sojadrink und dem Eiersatz verrühren. Die Haselnüsse, den Mohn und das Weizenmehl hinzufügen, bis der Teig die Konsistenz eines Rührteiges hat. Nach Bedarf noch etwas mehr gesüßten Sojadrink hinzufügen. Zum Schluss das Backpulver und zur Geschmacksabrundung etwas Vanille unterrühren und den Teig in eine mit Backpapier ausgelegte Kastenform füllen. Bei 180 Grad auf der mittleren Schiene ca. 1 Stunde lang backen.

Tipp: Sein hoher Kalziumgehalt sowie zahlreiche Vitamine der B-Gruppe verleihen dem Mohn einen hohen gesundheitlichen Stellenwert.

BANANENKUCHEN MIT KOKOSCREME

Teig

125 g vegane Margarine (Zimmertemperatur)

125 g Rohrzucker

2 Eiersatz

3 reife Bananen

125 ml Vanillesojadrink, gesüßt

250 g Dinkelmehl

80 g Kokosflocken

1 TL Backpulver

Vanille

Creme

100 g vegane Margarine

80 g Puderzucker

2 EL Kokosflocken

Margarine mit dem Eiersatz und Rohrzucker schaumig rühren. Die Bananen zerdrücken und hinzufügen. Den Sojadrink zusammen mit dem Mehl, den Kokosflocken und dem Backpulver unterrühren und zu einem geschmeidigen Teig verarbeiten. Mit etwas Vanille geschmacklich verfeinern und in eine Springform füllen. Bei 180 Grad auf der mittleren Schiene ca. 50-60 Minuten backen. Nach dem Abkühlen die Margarine mit dem Puderzucker verquirlen und auf den Kuchen streichen. Anschließend mit den Kokosflocken bestreuen und ca. eine Stunde lang kühl stellen.

KRÜMELKUCHEN

Teig

200 g vegane Margarine

200 g Rohrzucker

500 g Dinkelmehl

2 Eiersatz (2 EL Sojamehl vollfett + 4 EL Wasser)

Vanillegewürz

Füllung

250 g Seidentofu

1 TL Vanillepuddingpulver

100 g gemahlene Mandeln

50 g Rosinen

80 g Rohrzucker

3 große Äpfel

Aus der Margarine, dem Rohrzucker, dem Dinkelmehl und dem Eiersatz einen Krümelteig herstellen und mit Vanille geschmacklich abrunden. Die Hälfte des Teiges wird dann in einer Springform ausgelegt. Die Äpfel werden in Scheiben geschnitten und auf dem Teigboden dachziegelförmig angeordnet. Anschließend wird der Seidentofu mit dem Vanillepuddingpulver, den gemahlenen Mandeln und dem Rohrzucker verrührt, bis eine glatte Masse entsteht. Zum Schluss werden die Rosinen untergehoben und alles über die geschnittenen Äpfel gegossen. Dann wird die Tofumasse mit Streuseln des restlichen Teiges gleichmäßig bedeckt und bei 190 Grad ca. 50 Minuten lang im Backofen auf der mittleren Schiene gebacken.

SCHOKOLADEN-MUFFINS

180 g Vollkornmehl
½ TL Backpulver
3 EL Kakaopulver
100 g grob geraspelte Zartbitterschokolade, vegan
1 Eiersatz
100 g Rohrzucker
80 ml Sonnenblumenöl
Vanille
250 ml Vanillesojadrink
Muffin-Papierförmchen

Das Mehl mit dem Backpulver und dem Kakaopulver vermengen. Die geraspelte Schokolade und den Rohrzucker dazugeben. Den Eiersatz, Sonnenblumenöl und den Vanillesojadrink hinzufügen und zu einem Rührteig verarbeiten. Nach Bedarf mehr Sojadrink hinzugeben, bis der Teig eine cremige Konsistenz erhält. Die Muffin-Förmchen in die Backform legen und in jedes Förmchen ca. 2 EL Teig hineinfüllen. Bei 180 Grad auf der mittleren Schiene ca. 25 Minuten lang backen.

WAFFELN

125 g vegane Margarine
50 g Rohrzucker
2 Eiersatz
1 TL Vanillezucker
250 g Dinkelmehl
2 TL Backpulver
Vanille
1/8 Liter Sojadrink, gesüßt
Puderzucker

Die Margarine mit dem Eiersatz und dem Zucker schaumig rühren. Vanillezucker, Mehl und Backpulver dazugeben und zuletzt mit dem Sojadrink zu einem geschmeidigen Teig rühren. Die Konsistenz des Waffelteiges sollte nicht zu flüssig, sondern eher dickflüssig sein. Den Teig mit etwas Vanille abschmecken und esslöffelweise in das eingefettete, erhitzte Waffeleisen geben. Die fertigen Waffeln mit etwas Puderzucker bestäuben und servieren. Mit heißen Kirschen oder veganem Eis servieren.

KOKOSNUSS-MUFFINS

250 g Mehl

2 TL Natron

90 g Rohrzucker

150 g Apfelmus

100 g weißes Mandelmus

1 Dose Kokosnusscreme

100 g Kokosraspel

Die Zutaten nacheinander vermengen, in Muffin-Förmchen füllen und ca. 30 Minuten bei 180 Grad auf der mittleren Schiene backen. Nach Bedarf können die Muffins mit geschmolzener Schokolade verziert werden.

Auch dieses Rezept kann je nach Geschmack mit veganen Schokostückchen, einer Schokoladenglasur oder einer kleingeschnittenen Mango oder Banane verändert werden. Das Apfelmus dient als Eiersatz.

MARMOR-MUFFINS

280 g Dinkelmehl

2 TL Weinsteinbackpulver

50 g gehackte Mandeln

100 g Rohrzucker

80 ml Sonnenblumenöl

300 ml gesüßten Sojadrink

2 EL Kakaopulver

Zimt

Muffin-Papierförmchen

Das Dinkelmehl mit dem Weinsteinbackpulver, den gehackten Mandeln und dem Rohrzucker vermengen. Dann den Sojadrink mit dem Sonnenblumenöl hinzugeben und mit einem Schneebesen verrühren. Der Teig sollte die Konsistenz eines Rührteigs haben, gegebenenfalls kann etwas mehr Sojadrink genommen werden. Die Muffinbackform mit Papierförmchen auslegen und die Hälfte des Teigs auf zwölf Förmchen verteilen. Anschließend wird der übrige Teig mit dem Kakaopulver verquirlt und als zweite Teigschicht auf die Muffinförmchen verteilt. Auf der mittleren Schiene werden die Muffins ca. 25 Minuten bei 180 Grad gebacken.

MANDELWAFFELN

150 g vegane Margarine

60 g Rohrzucker

1 TL Vanillezucker

2 Eiersatz

150 g Dinkelmehl

1 TL Backpulver

100 g gemahlene Mandeln

Vanillesojadrink

Zimt

Die Margarine mit dem Eiersatz und dem Rohrzucker schaumig rühren. Vanillezucker, Mehl, Backpulver und gemahlene Mandeln dazugeben und mit dem Sojadrink zu einem dickflüssigen Teig verrühren. Mit Zimt abschmecken und esslöffelweise in das vorgeheizte, eingefettete Waffeleisen geben. Nach Bedarf können die Waffeln mit Puderzucker verziert und serviert werden.

TOFU-MANDELTORTE

Teig

300 g Vollkornmehl

100 g Stärkemehl

200 g Margarine

100 g Rohrzucker

1 TL Weinsteinbackpulver

Belag

400 g Seidentofu

50 ml Sonnenblumenöl

50 ml Sojadrink

150 g Rohrzucker

1 TL Vanillezucker

1 TL Vanillepuddingpulver

100 g gemahlene Mandeln

100 g Rosinen

Die Zutaten für den Teig vermengen und den Boden einer Springform damit auslegen. Anschließend die Zutaten für den Belag nacheinander cremig rühren und auf dem Teigboden verteilen. Den Kuchen bei 200 Grad etwa eine Stunde auf der unteren Schiene backen. Abkühlen lassen.

KEKSTORTE VEGANER ART

175 g gehärtetes Pflanzenfett
2 Eiersatz
150 g Puderzucker
40 g Kakaopulver (ungesüßt)
50 g gemahlene Mandeln
1 Paket vegane ‚Butterkekse'

Das Pflanzenfett in einem Topf schmelzen und abkühlen lassen. Den Eiersatz mit Puderzucker und Kakao schaumig rühren. Sollte die Masse zu fest sein, etwas Wasser dazugeben. Zuletzt die gemahlenen Mandeln unterheben. Eine kleine Kastenform mit Backpapier auslegen und den Boden mit Keksen auslegen. Darüber eine Schicht Schokoladenmasse streichen und abwechselnd eine Schicht Kekse und eine Schicht Schokoladenmasse hinein füllen. Die Kekstorte für einige Stunden im Kühlschrank erstarren lassen. Diese Kekstorte ist die Attraktion für jeden Kindergeburtstag. Nach Bedarf mit geschmolzener weißer Reismilchschokolade verzieren.

TOFU-CASHEW-KUCHEN, GLUTENFREI

200 g Margarine

3 EL Stevia Pulver (entsprechend 3 EL Zucker)

400 g Seidentofu

225 g Hirse, fein gemahlen oder Hirsemehl

30 g Sojamehl

1 Paket Weinsteinbackpulver

Zimt, Vanille

300 g gehackte Datteln (oder Rosinen o. a.)

150 g gemahlene Cashewkerne

Alle Zutaten werden der Reihe nach mit einem Mixer zu einem glatten Teig gerührt und in einer Auflaufform ca. eine Stunde bei 180 bis 200 Grad auf der mittleren Schiene gebacken. Für das Hirsemehl wird die ungekochte Hirse fein gemahlen, was den Nährstoffanteil in diesem Kuchen immens erhöht und völlig frei von Gluten ist. Alternativ kann man Hirsemehl auch in Bioläden oder entsprechenden Drogeriemärkten kaufen.

Tipp: Stevia, auch Honigblatt genannt, ist eine kalorienfreie und natürliche Alternative zu Zucker und wird aus einer kleinen Staude in Südamerika gewonnen wird. Es ist in Form von Pulver, Blättern, flüssig oder Tabletten erhältlich und erfreut sich zunehmender Beliebtheit. Das Stevia-Blatt ist bis zu 30 Mal so süß wie Zucker, kalorienfrei, zahnfreundlich und beeinflusst nicht den Blutzuckerspiegel, wie es bei Zucker der Fall ist. Aufgrund der hohen Süßkraft genügt häufig nur eine Prise Stevia zur Geschmacksabrundung.

SEIDENTOFU-TARTE

Teig

80 g vegane Margarine

80 g Rohrzucker

250 g Dinkelmehl

2 Eiersatz

1 TL Vanillezucker

1 TL Backpulver

Belag

250 g Seidentofu

3 EL Sonnenblumenöl

80 ml Ahornsirup

200 ml Vanillesojadrink

1 Paket Vanillepuddingpulver

100 g Mandeln, gemahlen

50 g Rosinen

Vanillegewürz

Die Margarine, Rohrzucker, Dinkelmehl und den Eiersatz mit einem Mixer zu einem Mürbeteig verarbeiten. Vanillezucker und Backpulver zum Schluss unterrühren und anschließend den Teig für ca. 30 Minuten in den Kühlschrank stellen. In der Zwischenzeit den Seidentofu mit dem Sonnenblumenöl und dem Ahornsirup gut vermixen und nach und nach den Vanillesojadrink hinzufügen. Anschließend das Vanillepuddingpulver mit den gemahlenen Mandeln und den Rosinen unterheben und abschmecken. Den Boden einer Springform mit Backpapier auslegen und den Mürbeteig darauf verstreichen. Auf dem Mürbeteigboden wird dann die süße Tofu-Mandelmasse verteilt und anschließend bei 190 Grad ca. 45 Minuten gebacken.

DESSERTS

ERDBEER-BANANENDESSERT

1 reife Banane
6-8 Erdbeeren
1 EL weißes Mandelmus
2 EL Rosinen
Vanille

Die Banane mit einer Gabel zerdrücken und mit dem Mandelmus verrühren. Die Erdbeeren in Scheiben schneiden und mit den Rosinen unterrühren. Mit etwas Vanille abschmecken und servieren.

Tipp: Erdbeeren sind bei Kindern sehr beliebt und ein wertvoller Beitrag zur gesunden Ernährung. Man kann sie pur oder mit Sojaghurt genießen. Sie enthalten viel Vitamin C und einen hohen Gehalt an Folsäure und Eisen. Der hohe Kalzium-Gehalt stärkt die Knochen, Kalium und Magnesium schützen das Herz. Zudem enthalten Erdbeeren Salicylsäure und sekundäre Pflanzenstoffe aus der Gruppe der Phenolsäuren.

HIMBEEREIS

300 ml Sojadrink, gesüßt

1 Banane

200 g gefrorene Himbeeren

1 EL Mandelmus (oder Cashewnussmus)

Vanille

Zartbitter-Schokoraspel zum Garnieren

Die Zutaten solange mixen, bis eine dickflüssige Creme entsteht. Eventuell mit veganen Schokoraspeln verzieren. Sofort servieren.

Tipp: *Himbeereis kann auf vielfältige Weise hergestellt werden. Es wird um so cremiger und gehaltvoller, je mehr Mandelmus man dem Eis hinzufügt. Auch hier kann Mandelmus mit Kokoscreme oder Sojasahne variiert werden. Möchte man die Süße etwas intensivieren, gibt man 1-2 Esslöffel Birkenzucker (Xylitol) oder Stevia hinzu. Manchmal haben Kinder auch tolle Ideen, womit ein Eis aufgewertet werden kann. Der Phantasie sind hier keine Grenzen gesetzt.*

GUMMIBÄRCHEN-EIS

Frisch gepressten Orangensaft
Vegane Gummibärchen

Den Saft von Orangen in kleine Eisförmchen mit Stiel gießen und in jede Eisform zwei bis drei Gummibärchen als Blickfang hineingeben. Anschließend die Förmchen für einige Stunden ins Gefrierfach legen.

Tipp: *Fruchtsäfte sollten stets zu 100% aus ökologisch angebauten Früchten bestehen und entsprechend ungezuckert sein. Bei der Herstellung von Fruchteis können auch Traubensäfte oder Bananensäfte probiert werden.*

Statt Gummibärchen können auch Wassermelonenstücke oder anderes Obst im Fruchtsaft eingefroren werden. Auch hier haben Kinder meist tolle Ideen, woraus ein Eis kreiert werden könnte. Kinder sollten so oft wie möglich bei der Nahrungszubereitung mit eingebunden werden, weil es Spaß macht und sie in ihrer Selbstständigkeit und Kreativität fördert.

(SOJA-)MILCHEIS AM STIEL

1 Banane (vollreif)
200 ml Sojadrink (gesüßt)
2 EL Mandelmus
1 TL Vanillezucker
1 EL Ahornsirup

Alle Zutaten in einem Mixer verrühren und in kleine Eisförmchen füllen. Im Gefrierfach einen Tag lang tiefgefrieren.

CASHEW-EIS

1 große, reife Banane
150 g gemahlene Cashewkerne
150 ml Vanillesojadrink
1 EL Cashewnussmus
2 EL Ahornsirup
150 g Erdbeeren oder Frucht nach Wahl

Die Banane zusammen mit den Cashewkernen, Cashewnussmus, Vanillesojadrink und dem Ahornsirup in einem
Mixer zu einer Creme verrühren. Zum Schluss die Erdbeeren hinzufügen und nochmals mixen. Die Cashewcreme
in Eisformen füllen und für ca. 2 Stunden im Tiefkühlfach
gefrieren lassen. Anschließend aus dem Eisfach holen und
erneut umrühren. Dann die Eiscreme in das Tiefkühlfach
zurückstellen und für eine weitere Stunde gefrieren lassen.
Nach einer kurzen Antauzeit von wenigen Minuten ist das
Eis servierfertig.

ERDBEER-PFIRSICH-ROHKOSTTORTE

Teig

1 Tasse gemahlene Mandeln

1 Tasse Datteln

1 Tasse Rosinen

Vanille

Belag

4 Pfirsiche

1-2 Bananen

Guss

1 Tasse Cashewnüsse

2 EL Ahornsirup

3 EL kaltgepresstes Sonnenblumenöl

½ Tasse Wasser

1 Tasse Erdbeeren

Zimt

Für den Tortenboden werden die Mandeln fein gemahlen und die eingeweichten Datteln und Rosinen püriert. Daraus wird ein Teig geknetet, der geschmacklich mit etwas Vanille abgerundet und auf einem Kuchenteller ausgerollt wird. Pfirsich und Banane in kleine Scheiben schneiden und auf den Tortenboden schichten. Für den Guß werden die Cashewnüsse gemahlen, mit den übrigen Zutaten in einem Mixer püriert und über die Früchte gegossen. Die Rohkosttorte schmeckt am besten, wenn sie gleich verzehrt wird.

VITAMINCOCKTAIL

1 Banane

1 Apfel

1 Orange

1 Kiwi

1 Handvoll Rosinen

1 Handvoll Nüsse nach Geschmack

150 ml frisch gepressten Orangensaft

1 EL Mandelmus

2 EL Weizenkeime

Zimt

Banane, Apfel, Orange und Kiwi klein schneiden und die Rosinen und Nüsse dazugeben. Den Orangensaft mit dem Mandelmus verrühren und über das Obst gießen. Alles gut vermengen und zum Schluss die Weizenkeime unterheben. Mit ein wenig Zimt abschmecken und sofort servieren.

SCHWARZWÄLDER-KIRSCH-CREME

250 g rote Grütze aus dem Glas
125 g Sojaghurt natur (alternativ kann auch Sojadrink verwendet werden)
2 EL Zartbitter-Schokoraspel

Die rote Grütze mit dem Sojaghurt verrühren und die Schokostreusel unterheben. Diese Süßspeise ist im Handumdrehen zubereitet und schmeckt erfrischend und fruchtig.

SOJADRINK-REIS

1 Liter Sojadrink, gesüßt
200 g Milchreis
50 g Vollrohrzucker
Zucker und Zimt
Apfelmus

Den Sojadrink aufkochen und den Milchreis hineinrühren. Bei mäßiger Hitze ca. 10 Minuten kochen, den Zucker hinzufügen und weitere zehn Minuten kochen lassen. Danach den Milchreis vom Herd nehmen und weitere 10 Minuten quellen lassen. Anschließend mit Zucker und Zimt bestreuen und servieren. Dazu lieben Kinder frisches Apfelmus oder Beerengrütze.

VANILLEPUDDING

½ Liter Sojadrink, gesüßt
1 Paket Vanillepuddingpulver
2 EL Vollrohrzucker
Früchte der Saison

Den Sojadrink zum Kochen bringen. Das Puddingpulver mit dem Zucker und etwas Sojadrink verrühren und mit einem Schneebesen in den kochenden Sojadrink rühren. Kurz aufkochen lassen, vom Herd nehmen und abkühlen lassen. Nach Bedarf mit Früchten der Saison servieren.

In der veganen Küche müssen Kinder auch nicht auf den heiß geliebten Vanillepudding verzichten. Statt Vanillepudding kann auch Schokoladenpudding zubereitet werden oder beides zusammen schichtartig in einem Glas serviert werden. Mit einem Klacks Sojasahne oben drauf ist es der perfekte Nachtisch für Jung und Alt.

NUSSPUDDING

½ Liter Sojadrink, gesüßt

2 EL Kakao

3 EL Rohrzucker

2 EL Pfeilwurzelmehl

50 g gemahlene Haselnüsse

1 Handvoll vegane Schokoflocken

Das Kakaopulver mit dem Rohrzucker mit etwas Sojadrink glattrühren. Den restlichen Sojadrink erhitzen und nach und nach den Kakao, das Pfeilwurzelmehl und die Haselnüsse unter ständigem Rühren mit einem Schneebesen dazugeben. Die Masse einmal kurz aufkochen lassen und vom Herd nehmen. Den Pudding in eine Form gießen und erkalten lassen. Nach Bedarf mit veganen Schokoflocken garnieren.

Hinweis: Pfeilwurzelmehl ist eine rein pflanzliche Zutat, die geschmacksneutral, glutenfrei und somit auch für Allergiker/innen geeignet ist. Es ist als Backzutat und zum Binden von Suppen, Saucen oder Pudding verwendbar und ergibt einen fantastischen Eiersatz.

WEIHNACHTSPUDDING

200 g Rosinen

200 g Sultaninen

150 g Korinthen

50 g Orangeat

100 g gehackte Walnüsse

60 ml Sojadrink

150 g vegane Margarine

150 g brauner Zucker

2 Eiersatz

½ TL Zimt, Nelken, Muskat, Ingwer

150 g Dinkelmehl

150 g zerkrümelter Vollkorntoast

1 EL Melasse

Die angegebenen Zutaten nacheinander zu einem Teig verarbeiten. Falls der Teig zu zäh ist, noch mehr Sojadrink hinzufügen. Die Teigmasse in eine große Puddingform füllen und schließen. In einem mit Wasser gefüllten Topf ca. 5 Stunden lang sieden lassen. Wenn zu viel Wasser verdampft, kochendes Wasser nachgießen. Die Puddingform aus dem Wasser nehmen, aus der Form stürzen und servieren.

REZEPTLISTE

Frühstücksideen

Kindermüsli	54
Knuspermüsli selbstgemacht	56
Salzige Nusskomposition	58
Haselnuss-Banane	58
Früchtesojaghurt	56
Mandeldrinkshake	60
Banana-Vanilla-Shake	62
Carokaffee mit Vanillesojadrink	64
Yogi-Schokotee	65
Süßes Quinoa	65
Bananenbrot	64
Hirsebrei mit Aprikosen	66
Mandelbutter	68
Haferbrot	70
Ideen für den Brotaufstrich	71
Zwischenmahlzeiten	71

Hauptgerichte

Getreideburger	74
Haferflockenbratlinge	75
Cashewbraten	76
Kichererbsen-Bällchen	77
Hummus	78
Buchweizen-Gemüsepfannenkuchen	80
Gebackene Kartoffeln mit Curryseidentofu	81
Linsen-Gemüse-Pfanne	82

Linseneintopf 83

Kichererbsenplätzchen 84

Süßer Mandelpfannenkuchen 85

Gemüsesuppe mit Vollkorncroûtons 86

Deftiges Shiitakegericht 88

Haferpfanne 89

Tofu im Blätterteig 90

Hirsotto mit Mandelsoße 92

Gemüse-Risotto 93

Zucchini-Nudeln 94

Veganes Pesto 96

Veganer Käseersatz zum Überbacken 96

Reis-Spinatbratlinge 97

Spaghetti mit Walnusssoße 98

Gebratener Blumenkohl auf Kartoffelbrei 99

Kartoffelbrei mit ‚Rührei-Tofu‘ 100

Veganes Rübenmus 101

Würziger Blattspinat mit Backkartoffeln 102

Bratkartoffeln mit Erdnusssoße 103

Gemüseauflauf 104

Gebackener Erdnusstofu 105

Knusprige Polentaschnitten 106

Salate

Fruchtiger Karottensalat 110

Rohkostsalat 112

Pikante Sesamstangen 112

Fruchtiger Krautsalat 113

Tomatensalat 114

Kartoffelsalat 115

Reissalat   116
Exotischer Nudelsalat   117
Dill-Kartoffelsalat   118

Süße Sachen

Erdnussbutterkugeln   122
Kokoskonfekt   122
Nusskugeln   123
Gebrannte Sonnenblumenkerne   123
Schokoladenkugeln   124
Müsliriegel   125
Süße Maiskekse   126
Mandelzwerge   124
Zitronenkekse   126
Schneebälle   127
Energiebällchen   128
Marzipankekse   129
Schokoladenkekse   130
Nussecken   131
Knusperapfel   132
Schoko-Flakes   134
Indische Schokolade   136
Sommerkuchen   137
Erdbeertortenboden   138
Rosinen-Nusskuchen   140
Becherkuchen   141
Kokoskuchen   142
Schokoladen-Nusskuchen   143
Schoko-Kirschkuchen   144
Fruchtiger Dattelkuchen   146

Haselnusskranz   148
Haselnuss-Mohnkuchen   149
Bananenkuchen mit Kokoscreme   150
Krümelkuchen   151
Schokoladen-Muffins   152
Waffeln   154
Kokosnuss-Muffins   156
Marmor-Muffins   157
Mandelwaffeln   158
Tofu-Mandeltorte   159
Kekstorte veganer Art   160
Tofu-Cashew-Kuchen, glutenfrei   162
Seidentofu-Tarte   163

Desserts

Erdbeer-Bananendessert   166
Himbeereis   167
Gummibärcheneis   168
Soja-Milcheis am Stiel   170
Cashew-Eis   170
Erdbeer-Pfirsich-Rohkosttorte   171
Vitamincocktail   172
Schwarzwälder-Kirsch-Creme   173
Sojadrink-Reis   173
Vanillepudding   174
Nusspudding   176
Weihnachtspudding   177

LITERATURLISTE

China Study von T. Colin Camphell / Thomas M. Camphell, Verlag Systemische Medizin

Vegane Ernährung von Dr. Gill Langley, Echo-Verlag

Kinderernährung lebendig & schmackhaft von Urs Hochstrasser-Maharaj, Hans-Nietsch-Verlag

Die Sonnendiät, David Wolfe, Goldmann-Verlag

Viva vegan für Mutter und Kind von Dr. Michael Klapper erschienen im Okapi-Verlag

Vegan von Cath Clemen, Echo-Verlag

Köstliche Lebenskraft von Andrea Opitz, Hans-Nietsch-Verlag

Vegan genießen von Suzanne Barkawitz, Pala-Verlag

Fit Fürs Leben von Marilyn Diamond, Goldmann-Verlag

WEB-ADRESSEN

www.tofufamily.de

www.vegan.eu

www.vegane-gesellschaft.org

www.alles-vegetarisch.de

www.vebu.de

www.attilahildmann.de

www.vegan-taste-week.de

www.vergan-family.blogspot.de

HAFTUNGSAUSSCHLUSS

Die in diesem Buch vorgestellten Informationen sind sorgfältig recherchiert und nach besten Wissen und Gewissen weitergegeben. Dennoch übernehmen Autor und Verlag keinerlei Haftung für Schäden irgendeiner Art, die direkt oder indirekt aus der Verwendung der Angaben in diesem Buch entstehen. Bei den in diesem Buch genannten Internetadressen handelt es sich um Empfehlungen der Autorin.

Der Verlag und auch der Autor übernehmen keine Haftung für die Aktualität und Vollständigkeit der Inhalte des Buches, ebenso nicht für Druckfehler. Es kann keine juristische Verantwortung sowie Haftung in irgendeiner Form für fehlerhafte Angaben und daraus entstandenen Folgen vom Verlag bzw. Autor übernommen werden.

Für die Inhalte von den in diesem Buch abgedruckten Internetseiten sind ausschließlich die Betreiber der jeweiligen Internetseiten verantwortlich. Der Verlag und der Autor haben keinen Einfluss auf Gestaltung und Inhalte fremder Internetseiten. Verlag und Autor distanzieren sich daher von allen fremden Inhalten. Zum Zeitpunkt der Verwendung waren keinerlei illegalen Inhalte auf den Webseiten vorhanden.

DANKSAGUNG

Am Ende meines Buches möchte ich meinen Eltern danken, ohne deren Entschluss, mir das Leben auf dieser Welt zu schenken, dieses Buch nicht entstanden wäre. Ihr hättet zu damaliger Zeit wahrscheinlich unermüdlich mit dem Kopf geschüttelt, wenn Ihr von diesen Gedanken, die schon sehr früh in mir schlummerten, gewusst hättet, aber heute spricht so Vieles dafür, dass sich alles im Leben so fügt, wie es richtig ist.

Und ich danke dir, Lars, der mich in so authentischer und undogmatischer Art und Weise zum Veganismus geführt hat und in mir die Leidenschaft für dieses Buch geweckt hat. Deine Ideen und Vorstellungen haben mich über die Zeit, in der dieses Buch entstanden ist, sehr inspiriert und ich habe durch dich gelernt, dass Veganismus nur liebevoll und frei multipliziert werden kann.

Hardy, du warst es, der mir letztendlich den letzten Anstoß zur Veröffentlichung gab. Unsere veganen Berührungspunkte in Verbindung mit Yoga machen unsere Freundschaft so essenziell. Danke für diese Begegnung und deine Freundschaft, die noch weit über dieses Projekt hinauswachsen möge.

Und zum Schluss danke ich meinem Sohn, für den ich dieses Buch in Liebe und Leidenschaft geschrieben habe. Du hast mir gezeigt, dass meine vegane Lebenseinstellung sehr positive Auswirkungen auf deine Entwicklung hatte und du hast mich darin bestätigt, dass vegane Kinder keinerlei Defizite zu befürchten haben, wenn wir den natürlichen Grundsätzen unserer Ernährung mit ganzem Herzen vertrauen, „weil wir selbst die Veränderung sein müssen, die wir in der Welt sehen möchten" (Gandhi).

185

Über die Autorin

Bianka Nagorny befasste sich bereits vor der Geburt ihres Kindes sehr intensiv mit der veganen Ernährung. Während am Anfang die ethischen Beweggründe den Weg in diese Ernährungsform ebneten, wurden ihr zunehmend auch die gesundheitlichen Aspekte der veganen Lebensweise bewusst, die insbesondere in der Kinderernährung die wichtigste Rolle spielen sollten. Nach der Geburt ihres Kindes setzte sich die Autorin kritisch mit den Vor- und Nachteilen einer veganen Kinderernährung auseinander. In Gesprächen mit einer Ökotrophologin und einer umfangreichen Beschäftigung mit Ernährungsliteratur bestätigte sich ganz schnell, dass vegan lebende Kinder keinerlei Nährstoffdefizite zu befürchten haben. Auch bei ihrer pädagogischen Arbeit im Kindergarten lässt sie ihre Begeisterung für die vegane Ernährung stets spielerisch einfließen, so dass auch nicht vegan lebende Kinder ganz nebenbei erfahren, dass Pflanzenkost nicht nur gut schmeckt, sondern auch sehr gesund ist.

Nach einer weiteren Ausbildung zur Fremdsprachenkorrespondentin absolvierte Bianka Nagorny eine Ausbildung zur Yogalehrerin, die stets von ihrer veganen Lebensweise sehr positiv beeinflusst wurde. Einen Schwerpunkt ihrer pädagogischen Arbeit bildet das Kinderyoga.